Wandern im Allgäu

Wilfried Bahnmüller

DUMONT aktiv

Inhalt

Bitte schreiben Sie uns, wenn sich etwas geändert hat!
Alle in diesem Buch enthaltenen Angaben wurden vom Autor nach bestem Wissen erstellt und von ihm und dem Verlag mit größtmöglicher Sorgfalt überprüft. Gleichwohl sind – wie wir im Sinne des Produkthaftungsrechts betonen müssen – inhaltliche Fehler nicht vollständig auszuschließen. Daher erfolgen die Angaben ohne jegliche Verpflichtung oder Garantie des Verlages oder des Autors. Beide übernehmen keinerlei Verantwortung und Haftung für etwaige inhaltliche Unstimmigkeiten. Wir bitten dafür um Verständnis und werden Korrekturhinweise gerne aufgreifen:

DuMont Buchverlag, Postfach 10 10 45, 50450 Köln
E-Mail: reise@dumontverlag.de

Wandern im Allgäu

Wandersaison

Die beste Wanderzeit für das Allgäu ist vom späten Frühjahr bis weit in den Herbst. Lediglich die Touren von Oberstdorf über das Himmeleck (Tour 15) und im Kleinwalsertal auf den Hohen Ifen (Tour 20) sind der Höhenlage wegen nur im Sommer zu empfehlen.

Anspruch

In der Rubrik ›Die Wanderung in Kürze‹ wird jeweils darauf hingewiesen, ob es sich bei der Wanderung um eine einfache (+), eine mittelschwere (++) oder eine anspruchsvolle (+++) Tour handelt.

Gehzeiten

Bitte beachten Sie: Alle in diesem Wanderführer aufgeführten Zeiten verstehen sich als reine Gehzeiten. Rechnen Sie bei der Planung einer Tour noch etwa ein Fünftel bis ein Viertel der Zeit hinzu, um Pausen für die Rast oder zum Fotografieren, Abstecher oder schlimmstenfalls ein Verlaufen zu berücksichtigen. Auch ein Wettersturz, abgerutschte Wege oder angeschwollene Bäche können die Wanderzeit erheblich verlängern.

Ausrüstung

Feste Wanderstiefel (Trekkingstiefel) sind bei längeren Wanderungen unbedingt empfehlenswert. Sie sollten leicht, aber dennoch möglichst wasserdicht sein. Bei Bergwanderungen sind Teleskopstöcke (zum Zusammenschieben) nützlich, die vor allem beim Abstieg die Gelenke erheblich entlasten. Regen- und Sonnenschutz sollte man immer dabeihaben. Sollte für eine Wanderung spezielle Ausrüstung notwendig sein, ist das jeweils gesondert vermerkt.

Wanderkarten

Die besten Wanderkarten für das Allgäu sind die Umgebungskarten des Bayerischen Landesvermessungsamtes im Maßstab 1:50 000. Auf vier Blättern (Füssen, Kempten, Allgäuer Alpen, Lindau–Oberstaufen) wird die gesamte Region abgedeckt.

Ausweispapiere

Wenngleich durch den Wegfall der Grenzkontrollen zu Österreich keine Pflicht mehr besteht, im Grenzgebiet einen Ausweis mitzuführen, sollte man das – schon alleine der Sicherheit wegen – dennoch tun. Ein weiterer Grund dafür ist die Schleierfahndung in Bayern, die die Polizei jederzeit zu Kontrollen berechtigt.

Bergwetterdienst

Ansage vom Band: ✆ 0 89/29 50 70 oder ✆ 01 90/11 60 11.
Tourenberatung (keine Wandervorschläge) des Deutschen Alpenvereins: ✆ 0 89/29 49 40.

Sicherheit

Gehen Sie im Hochgebirge nie allein auf eine Wanderung. Falls Ihnen etwas zustößt, kann Ihre Begleitung Hilfe holen. Sinnvoll ist auch die Mitnahme eines Handys. Immer mehr Hütten werden mit Sendestationen ausgerüstet, so daß sich der Empfang in den Bergen in letzter Zeit deutlich verbessert hat. Hinterlassen Sie außerdem in Ihrer Unterkunft einen Hinweis, wohin Sie aufbrechen und wie lange Ihre Wanderung voraussichtlich dauern wird.

Notruf

Alpines Notsignal: 6x pro Minute (alle 10 Sekunden) optisches oder akustisches Signal (Rufen, Pfeifen, Winken), dann 3 Min. Pause, dann wiederholen. Antwort: 3x pro Minute ein Signal.
Polizei: ✆ 110

Mit Bus und Bahn

Die Ausgangspunkte der Wanderungen sind fast alle mit öffentlichen Verkehrsmitteln zu erreichen. Sie können davon ausgehen, daß zumindest eine Busverbindung in der Frühe und am Abend besteht. Oft fahren aber die Busse oder die Bahn nur werktags, da sie als Zubringer für Fabriken oder Schulen dienen. Es ist daher bei der Anfahrt mit öffentlichen Verkehrsmitteln unerläßlich, den genauen Fahrplan rechtzeitig vor Ort zu erfragen, um gegen böse Überraschungen gefeit zu sein.

SYMBOLE IN DEN KARTEN

- Gasthaus, Berghütte (bewirtschaftet)
- Schutzhütte, Alm (unbewirtschaftet)
- Kirche
- Kapelle
- Burg, Schloß
- Burgruine
- Aussichtsturm
- Archäologische Stätte
- Denkmal, Monument
- Mühle
- Wegkreuz, Marterl
- Wasserfall
- Quelle, Brunnen
- Nadelbaum
- Laubbaum
- Schwimmbad

Zu Fuß über den Meeresgrund?

Die Entstehung der Allgäuer Alpen

Der komplizierte geologische Aufbau des Allgäus macht es für Wanderer besonders attraktiv, denn in kaum einer anderen Region der Alpen läßt sich durch eine so große Vielfalt an Geländeformen marschieren.

Vor etwa 250 Mio. Jahren dehnte sich im Bereich des heutigen Mitteleuropa ein Meer aus. Kalkablagerungen bildeten große Riffe, die Zwischenräume wurden von Flüssen aufgefüllt. So entstand ein Gemenge aus Ton und Kalk, die ›Raibler Schichten‹, die wir vor allem in den Tannheimer Bergen finden. Als das Meer immer flacher wurde, stieg die Konzentration der gelösten Salze an, bis diese sich als Dolomit am Boden abschieden. Die Felsen des Hochvogels, der Kanzelwand (Tour 17) oder des Widdersteins (Tour 19) sind heute noch Zeugen dieses Vorgangs.

Durch die Last dieser Ablagerungen sank der labile Meeresboden schließlich wieder ein. Es gediehen erneut Muscheln und Korallen, die wieder Plattenkalk bildeten, wie wir ihn am Imberger Horn (Tour 11) oder auch am Iseler (Tour 9) beobachten können. Immer mehr Überreste der verschiedensten Meereslebewesen sanken zu Boden. Es bildete sich der dunkelgraue Mergel, aus dem durch Verwitterung der bekannt gute Allgäuer Weideboden entsteht.

Im Laufe der Zeit füllten Flüsse mit Geröll und Schlamm das Meer wieder auf. Jetzt bildete sich der wasserdurchlässige Schrattenkalk, der am Gottesackerplateau (Tour 21) am besten zu beobachten ist.

Unter dem Druck des nach Norden gleitenden afrikanischen Kontinents begannen sich die abgelagerten Gesteinsmassen zu verschieben und drückten dabei durch ihr Gewicht den europäischen Kontinentalsockel nach unten. Erneut konnte Wasser eindringen, wieder entstand ein Meer, das sich vom heutigen Genfer See bis in die Gegend Wiens erstreckte.

Die gewaltige Schubkraft faltete die Ablagerungen auf, die Alpen entstanden. Sie wuchsen immer höher, gleichzeitig aber wurden sie vom Wasser wieder abgetragen – ein Vorgang, der bis heute andauert. Die Flüsse aus diesem Gebirge schleppten ungeheure Schutt- und Geröllmassen mit sich und füllten langsam das eben entstandene Meer wieder auf. Heute ist diese Geröllschicht, die Molasse, zum Teil bis 5000 m dick und hat sich weitgehend verfestigt. Als Nagelfluh können wir sie vom Pfänder (Tour 35) bis zum Auerberg (Tour 3) beobachten, am schönsten wohl in der Nagelfluhkette (Tour 26 und 28; s. Abb. S. 8) oder am Siplinger Kopf (Tour 25).

Geologisch war der Aufbau der Alpen damit zwar abgeschlossen, die Feinstruktur der Landschaft bildete sich jedoch erst während der Eiszeiten heraus.

Vor etwa 3 Mio. Jahren sanken die Temperaturen auf der ganzen Erde plötzlich ab. An den Polen entstanden riesige Eiskappen, die ganz Nordeuropa und halb Kanada bedeckten. In den Bergen wuchsen die Gletscher, vereinigten sich und krochen langsam in das Voralpengebiet hinaus. Solche Kälteperioden wechselten mit Wärmezeiten ab, die in unseren Regionen sogar tropische Pflanzen gedeihen ließen. Vor allem die letzte Vereisung, die bis vor 10 000 Jahren andauernde Würmeiszeit, hat das Erscheinungsbild des Allgäus geprägt.

Auch in dieser Zeit waren die Alpen nicht restlos von Gletschern bedeckt. Einzelne Berggipfel ragten wie Inseln aus dem Eis – in den Zentralalpen nur die höchsten Spitzen, im Randbereich auch relativ niedrige Berge wie der Pfänder (Tour 35), die Riedholzer Kugel (Tour 33) oder der Auerberg (Tour 3). Die Täler hingegen wurden abgeschliffen und ausgehobelt. So entstanden Trogtäler, die von der Talmitte her erst relativ flach ansteigen, dann aber in fast senkrechte Felswände übergehen, wie wir es etwa im Oytal beobachten können (Tour 15).

Das verwitterte Gesteinsmaterial, das von den aus dem Eis ragenden Felsen auf die Gletscher gefallen war, wurde bis weit in das Voralpenland getragen und dort zu Hügeln zusammengeschoben. Wo diese Moränen dem abfließenden Gletscherwasser den Weg versperrten, stauten sich Seen auf.

Eine Reise durch Feld, Wald und Wiese

Die Flora der Allgäuer Alpen

Beginnen wir mit unserer Entdeckungstour im Wald. Schon längst treffen wir ihn nicht mehr in seiner ursprünglichen Form als Fichten-Tannen-Buchen-Mischwald an. Im Gegenteil: Was man heute sieht, ist das Ergebnis einer jahrhundertelangen Pflege mit dem vordringlichen Ziel, Holz zu erwirtschaften. Nur in hohen Lagen, wo er als Bannwald gegen Lawinen diente, genoß der natürliche Wald einen gewissen Schutz. Jeder andere Nutzen, etwa das Zurückhalten von Wasser oder gar die Erholung, war eine angenehme Beigabe, die man früher kaum wahrnahm. Daß wir dies heute neu überdenken, ist eine andere Sache.

Die vorherrschende Baumart ist nach wie vor die Fichte, die wegen ihres schnellen Wuchses lange Zeit sehr beliebt war. Inzwischen hat man die großen Gefahren dieser Monokulturen erkannt. So pflanzt man bei allen Neuaufforstungen neben Fichten und Tannen zusätzlich Buchen, Eschen und Ahorne. Es wird jedoch noch viele Jahrzehnte dauern, bis aus unseren Nadelwäldern wieder bunte Mischwälder entstehen.

In den höheren Regionen, wo aufgrund der klimatischen Verhältnisse Bäume nicht mehr gedeihen können, wächst die Latsche oder

Krüppelkiefer aus der Familie der Föhren. Auf nassen und morastigen Böden finden wir verschiedene Weidenarten und natürlich die Birke, die sich, etwas zwergwüchsig zwar, sogar auf Höhen bis 1500 m noch recht wohl fühlt.

Die Blütenpracht des Allgäus ist durch ihre Vielfalt fast einmalig in der gesamten Alpenregion. Das hängt mit den verschiedenen Bodenarten zusammen, die hier dicht nebeneinander vorkommen. Dem letzten Schnee im Frühling folgen die Soldanellen und unzählige Krokusblüten. Wo es etwas trockener ist, an einem Hang vielleicht, tauchen Enzian und Bergaurikel auf. ›Schusternagerl‹ (Frühlingsenzian), Alpenhahnenfuß und das allgegenwärtige Gänseblümchen ergeben dann die schönen bunten Frühlingswiesen. Am Waldrand blüht der giftige Seidelbast, an feuchten Stellen später auch der seltene Türkenbund (s. Abb. S. 10).

Akelei, Blauer Eisenhut, Gelber Enzian und die vielbesungenen Alpenrosen blühen im frühen Sommer, der Frauenschuh und sogar das berühmte Edelweiß lassen sich an versteckten Stellen immer noch finden. Daß diese Pflanzen streng geschützt sind, braucht nicht besonders betont zu werden.

Im späten Sommer beginnt die Zeit der Pilze, der ›Schwammerl‹. Mit etwas Glück finden wir die begehrten Steinpilze, die Pfifferlinge, Birkenschwämme, Rot- und Braunkappen, man stößt aber auch auf den berühmten Fliegenpilz oder auf den hochgiftigen Knollenblätterpilz.

Den Herbst kündigen schließlich die Silberdisteln und die giftigen Herbstzeitlosen an, die, im Gegensatz zu den Disteln, mehr feuchten Boden lieben. Nicht vergessen werden dürfen die roten Vogelbeeren. Sie bieten unseren gefiederten Sängern bis weit in den Winter hinein Nahrung.

Stengelloser Enzian

Krokusse und Soldanelle

Allgäuer Alpkäse

Der Allgäuer Käse wird normalerweise in Molkereien hergestellt, kleinen Industriebetrieben mit gekachelten Wänden und feiner Edelstahleinrichtung.

Man findet in den Allgäuer Alpen immer weniger Alpen, auf denen heute noch so gekäst wird wie seit Beginn der Milchwirtschaft. Wer jedoch eine solche Alpe entdeckt und dort beim Käsen zuschauen möchte, sollte früh aufstehen, denn spätestens ab sieben Uhr morgens ist der Senn bei der Arbeit. Die Milch vom Vorabend hat er in flachen Holzschüsseln aufgestellt, die sich im Laufe der Zeit mit Milchresten vollgesogen haben. Das gibt den idealen Nährboden für die Milchsäurebakterien, die über Nacht die Milch bereits leicht einstocken lassen. Oben setzt sich der Rahm ab, der abgeschöpft und später zu Butter verarbeitet wird.

Die entrahmte Milch wird in den 250 l fassenden Käskessel geschüttet, dazu kommt die frische Milch vom Morgen. Es gehört einiges an Erfahrung dazu, diese Menge am offenen Feuer zu erwärmen, denn sie darf auf keinen Fall zu heiß werden. Sind 35 °C erreicht, so wird der

Kessel vom Feuer geschwenkt und vorsichtig das Labpulver eingestreut, das die Milch zum Stocken bringt.

Nach einer halben Stunde ist die Milch dick geworden. Mit der Käseharfe, einem mit Drähten bespannten Gerät, wird der Bruch – so nennt man die ausgeflockte Milch – zerteilt, bis er beim Reiben zwischen den Fingern die richtige Festigkeit erreicht hat. Dabei trennt sich die Molke vom eigentlichen Käse.

Für den Limburger erhitzt der Senn den Käsebruch noch einmal auf 35 °C, der schwerere Bergkäse muß sogar bis auf 51 °C erwärmt werden. Im richtigen Augenblick wird der Kessel wieder vom Feuer genommen und ein Gazetuch über die Mischung gelegt. Damit läßt sich die Käsemasse nach unten drücken, die Molke kann abgeschöpft werden.

Sobald keine Flüssigkeit mehr übersteht, wird das Tuch abgenommen und die Rohmasse in Plastikbecher gefüllt, die unten mit Löchern versehen sind. So kann die restliche Molke gut abfließen, und die Masse wird so fest, daß sie aus der Form genommen werden kann. Das Käselaibchen ist für heute fertig. Doch bis es ein rechter Limburger ist, dauert es noch. Einen Tag lang werden die Laibchen in eine Salzlake gelegt, so entsteht eine schöne Rinde. Dann reifen sie bei gleichmäßiger Temperatur drei Wochen im Käskeller.

Eines darf aber auf keinen Fall unerwähnt bleiben: die Reinlichkeit. Wer miterlebt, mit welch unendlicher Sorgfalt der Senn die Werkzeuge, den Käskessel und die Holzschüsseln (Stotzen) reinigt, der findet den Alpkäse genauso appetitlich wie den Käse, der in der chromblitzenden Molkerei gemacht wird. Genauso? Nein, eigentlich nicht, denn den typischen Geschmack des am offenen Feuer hergestellten Alpkäses erreicht kein Molkereikäse, den gibt es einzig oben auf der Alpe.

Kuhglocken für Almabtrieb und Viehscheid auf der Oberen Schwandalpe

Die Walser

Das Kleinwalsertal ist heute ein touristischer Anziehungspunkt ersten Ranges. Kein Wunder, denn vom Spielkasino bis zur Bergbahn, vom Heimatmuseum bis zu allen erdenklichen Sportanlagen, vom gepflegten Privatzimmer bis zum internationalen Hotel bleibt kaum ein Wunsch offen. Daß bei all dem Trubel noch fast unberührte Landschaft zu finden ist, grenzt schon an ein Wunder. Und wenn man an einem schönen Tag durch den Hauptort Riezlern spaziert, glaubt man kaum, daß die Walser jahrhundertelang in bitterer Armut lebten.

Im Mittelalter war das Klima in Europa wesentlich wärmer als heute. Die Besiedlung in den Alpen reichte viel höher hinauf, die sommerlichen Weideflächen dehnten sich bis unmittelbar an die Felsregion aus. Ende des 13. Jh. aber setzte eine plötzliche Klimaverschlechterung ein, die viele Bergbauern in große Not stürzte. Die Schneegrenze sank, die Winter wurden länger, in den kurzen Sommern reiften die Feldfrüchte nicht mehr aus.

Dieser Umstand und die Überbevölkerung zwangen einen Teil der Walliser Bauern aus dem oberen

Rhonetal zur Auswanderung, denn sie wären sonst wohl verhungert und erfroren. So zogen sie mit allem, was sie transportieren konnten, fort, um sich in den damals noch unerschlossenen Gebieten der Alpen eine neue Heimat aufzubauen. Heute können wir die Spuren dieser Wanderung und Neubesiedlung im Tessin und Norditalien, in Graubünden, Vorarlberg, im Werdenfelser Land und entlang der Quellflüsse der Iller finden (z. B. in Gerstruben; s. Abb. S. 14).

Eines der von den Walsern besiedelten Täler ist das Kleinwalsertal, das vorher höchstens von einigen schwäbischen Adelsfamilien als Jagdgebiet genutzt wurde. Arg wichtig scheint diesen die abgelegene Gegend wohl nicht gewesen zu sein, denn als im Jahr 1451 Herzog Sigmund von Tirol halb Vorarlberg und einige angrenzende Gebiete eroberte, leisteten sie kaum Widerstand. Seither gehört das Kleinwalsertal zu Österreich.

Doch dieser Zustand brachte für die Walser erhebliche Probleme. Wenn sie Erzeugnisse ihrer Höfe auf den Heimatmärkten verkaufen wollten, mußten sie über die Pässe im Süden steigen. Im Winter waren sie monatelang vom Mutterland abgeschnitten. Wirtschaftlich war das auf die Dauer völlig unhaltbar. So entschloß man sich 1891, das Kleinwalsertal mit einem Ländervertrag zu einem Zollausschlußgebiet zu machen. Das bedeutet, daß die Bewohner des Kleinwalsertals als österreichische Staatsbürger österreichischem Recht unterliegen, daß dennoch die Grenze nach Norden zur Bundesrepublik völlig offen ist. Vielleicht ist es nicht ganz abwegig, dieses Modell als Vorbild für ein vereintes Europa zu betrachten …

Frauen im Kleinwalsertal in der typischen Tracht mit Mützen aus Fischotterfell

Im königlichen Jagdrevier

Von Schwangau auf den Tegelberg

Östlich der Königsschlösser Neuschwanstein und Hohenschwangau türmt sich ein Bergwall auf, der seinen heutigen Namen einem kleinen, unauffälligen Waldberg unterhalb der Bergstation der Seilbahn verdankt – der Tegelberg.

DIE WANDERUNG IN KÜRZE

++ Anspruch

6 Std. Gehzeit

1050 m Abstieg

Charakter: einfache, aber lange Wanderung, zuerst auf Höhenwegen, später auf einer Alpstraße; auch für Kinder geeignet, nur das letzte Stück zum Brandnerschrofen etwas ausgesetzt

Wanderkarte: Umgebungskarte 1:50 000 Füssen und Umgebung

Einkehrmöglichkeiten: Bergstation Tegelbergbahn, Jägerhütte, Bleckenau

Anfahrt: Busverbindungen von Steingaden und Füssen direkt zur Talstation der Tegelbergbahn; Busverbindung Bleckenau–Talstation (im Sommer letzter Bus etwa um 18 Uhr); mit dem **Auto** von Füssen auf der B 17 Richtung Schongau, am Ortsende von Schwangau rechts ab zum Parkplatz an der Talstation der Tegelbergbahn

Wir nehmen möglichst die erste Gondel der **Tegelbergbahn.** Offiziell beginnt der Seilbahnbetrieb erst um 9 Uhr, doch meist lassen die freundlichen Bahnbediensteten schon um halb neun die erste Fracht Berghungriger nach oben abschweben. Anspruch darauf hat natürlich niemand!

So können wir es uns gut leisten, der höchsten Spitze des Tegelbergs einen Besuch abzustatten. Unmit-

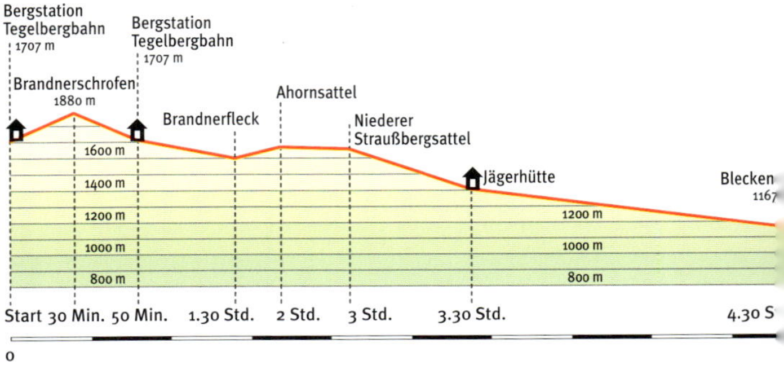

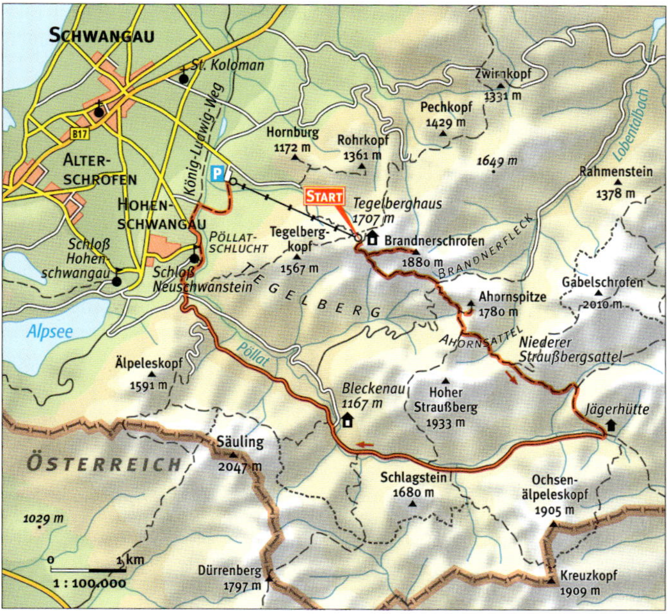

telbar hinter der Bergstation, am Startplatz der Drachenflieger, führt der Weg schräg nach oben zum **Brandnerschrofen** (30 Min.). Vor allem Kinder steigen gerne auf diesen Gipfel, denn ganz oben gibt es für Berggewohnte und Schwindelfreie eine leichte, ungefährliche Kletterei. Wer sich unsicher fühlt, braucht nur auf die letzten Gipfelmeter zu verzichten und kehrt beim Schild ›Nur für Geübte‹ um. Die Aussicht ist praktisch die gleiche:

Im Westen liegt tief unten die berühmte Füssener Seenplatte: der Bannwaldsee, der Hopfensee und der Forggensee, dem man zumindest im Sommer nicht ansieht, daß es sich bei ihm um den aufgestauten Lech handelt. Im Frühjahr, im späten Herbst und im Winter wird der Wasserspiegel jedoch so weit abgesenkt, daß der See einer Schlammwüste gleicht. Im Südwesten baut sich der mächtige Säuling auf, dahinter leuchten die Kletterfelsen der Lechtaler Berge. Direkt im Süden sehen wir unseren späteren Wanderweg, der sich in steilem Zickzack zum Ahornsattel hinaufwindet. Darüber steht der Hohe Straußberg, den wir heute noch umrunden werden. Der Berg links davon ist die Hochplatte. Ganz im Norden erheben sich die bewaldeten Höhen der Trauchgauer Berge.

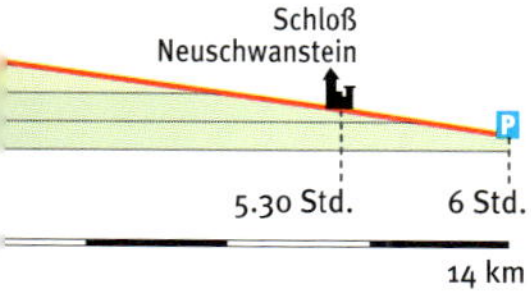

Die Berge der Umgebung waren einst das Jagdrevier der bayerischen Könige. Maximilian II. hatte unten auf Schloß Hohenschwangau seine Privatwohnung. Wenn Sie in dieser

Gegend auf einen besonders breiten Wanderweg stoßen, so können Sie mit ziemlicher Sicherheit annehmen, daß er einst als Reitweg dem königlichen Jagdvergnügen diente.

Vom Gipfel aus könnte man weglos zum Brandnerfleck absteigen. Diesen Abkürzer sollten Sie jedoch tunlichst vermeiden, denn in dem zum Teil sehr steilen Gelände verläuft man sich leicht. Also gehen wir den Aufstiegsweg bis zur **Gipfelstation** zurück (50 Min.).

Unser weiterer Weg führt vom Flugdrachen-Startplatz aus am Südhang um den Brandnerschrofen herum und fällt dann zum Brandnerfleck hin leicht ab. Hier können Sie mit etwas Glück im Sommer den schwarzen Alpensalamander beobachten, wenn in der Frühe der Weg noch feucht vom Tau ist. Am **Brandnerfleck** (1.30 Std.) wenden sich die meisten Bergwanderer nach rechts und steigen zur Bleckenau hin ab. Der scharfe Aufstieg, den wir jetzt gehen werden, schreckt wohl viele ab. Doch so schlimm kommt es nicht, in längstens einer halben Stunde sind wir auf dem **Ahornsattel** (2 Std).

Abstecher: Wer Lust und Kondition hat, kann auf dem Weg vom Brandnerfleck zum Ahornsattel noch einen zweiten Gipfel ›mitnehmen‹: die **Ahornspitze,** auf die der Aufstieg etwa 20 Min. dauert.

Wir halten uns am Ahornsattel links, überqueren ein großes Geröllfeld und kommen über den **Niederen Straußbergsattel** (3 Std.) auf eine alte königliche Jagdstraße, der wir durch den Wald hinunter zur Jägerhütte folgen. König Ludwig II. von Bayern ließ sich mit einer Sänfte herauftragen, sein Vater, Maximilian II., hatte das Pferd bevorzugt. Ein Bildstock mit dem hl. Magnus erinnert an die Mühen der Aufforstung in dieser Gegend.

Die **Jägerhütte** (3.30 Std.) ist eine Alpe. Hier ist endlich unsere Mittagsrast fällig. Die Sennerin hält immer Milch und Brot mit duftendem Bergkäs für ihre hungrigen Gäste bereit.

Nach der Pause bummeln wir auf der breiten Alpstraße gemütlich in einer Stunde in die **Bleckenau** (4.30 Std.), wo das ehemalige königliche Forsthaus zu einem Kaffee einlädt. Wer jetzt schon müde ist, kann sich mit dem Linienbus zum Parkplatz zurückfahren lassen.

Viel schöner ist es jedoch, über den ruhigen Wasserleitungsweg auf Schloß Neuschwanstein zu zu wandern. Dazu müssen wir hinter der Bachbrücke in der Bleckenau ein paar Meter zurückgehen und dann in den ungeteerten Weg einbiegen, also nicht zwischen den zwei Holzhäusern hindurch marschieren.

Eine Stunde wandern wir so durch den lichten Hochwald bis nach **Neuschwanstein** (5.30 Std.), können uns das Schloß von der berühmten Marienbrücke aus ansehen und biegen dann gleich nach Überquerung der Brücke steil in die **Pöllatschlucht** hinunter ab. Dort geht es wenigstens nicht gar so schlimm zu wie auf den großen Prozessionswegen von den Parkplätzen zum Schloß. Wir marschieren die Pöllat abwärts, kommen bei der verfallenden Gipsmühle an einer Sägerei auf die Straße und brauchen von dort nur den Wegweisern zurück zum **Parkplatz** (6 Std.) zu folgen.

Auf königlichen Wegen

Von Füssen über Hohenschwangau ins Tiroler Lechtal

Von Füssen wandern wir über den Kalvarienberg zum Königsschloß Hohenschwangau. Von dort geht es weiter entlang der alten Straße, die schon der ›Märchenkönig‹ Ludwig II. von Bayern benutzte, wenn er nachts mit beleuchtetem Schlitten ins benachbarte Tirol fuhr.

DIE WANDERUNG IN KÜRZE

+ Anspruch

5 Std. Gehzeit

14 km Länge

Charakter: einfache Ganztageswanderung, auch für Kinder gut geeignet; bei feuchtem Boden etwas Vorsicht beim Abstieg vom Kalvarienberg geboten

Wanderkarte: Umgebungskarte 1:50 000 Füssen und Umgebung

Einkehrmöglichkeiten: Gasthäuser in Hohenschwangau, Gasthof Zum Schluxen in Pinswang (Tirol), Gasthof Weißhaus an der ehem. Grenzstation

Anfahrt: Bahnverbindung von München und Augsburg nach Füssen; gute **Busverbindungen** von allen Orten der Umgebung; beste Parkmöglichkeit für **Autofahrer** auf einem der großen Parkplätze westlich des Stadtkerns, unterhalb des Hohen Schlosses

Bademöglichkeiten: Schwansee, Alpsee

Wir beginnen unsere Wanderung im Zentrum von **Füssen,** am oberen Ende der Reichenstraße. Dort wenden wir uns schräg nach links, gehen an der alten **Benediktinerabtei,** dem heutigen Rathaus und Museum, vorbei und freuen uns über die bunt bemalte **Spitalkirche,** ehe wir auf der Brücke den Lech überqueren. Etwas lechaufwärts, über der Tiroler Straße, steht die kleine Kirche ›Zu Unserer Lieben Frau am Berg‹. Hier beginnt unser Aufstieg auf den Kalvarienberg.

Über Treppen führt der Prozessionsweg der Füssener an Kreuzwegkapellen vorbei, in denen große Ölbilder mit der Leidensgeschichte Christi hängen. Auf einem kleinen Hügel im Wald erinnert eine neugotische Gedenksäule an den Füssener Stadtpfarrer Johann Baptist Graf, auf dessen Veranlassung 1837–1842 dieser Weg angelegt wurde. Die **Marienkapelle** etwas weiter oben, am Rand der Hirschwiese, entstand 1840/42. Sie ist eines der frühen Beispiele der Neugotik im südlichen Bayern. Ihr gegenüber steht seit 1983 eine moderne Plastik des Füssener Bildhauers Alois Vogler: Veronika reicht Christus das Schweißtuch.

Der Weg windet sich weiter nach oben, bis wir den Gipfel des Hügels und damit den eigentlichen **Kalvarienberg** erreichen (45 Min.). Hier sind mehrere Kapellen übereinander gebaut, ganz oben ist die Kreuzigungsgruppe aufgerichtet. Das moderne Kruzifix stammt von Roman Harasymiw aus Irsee. Es wurde 1985 im Rahmen der Restaurierungsarbeiten aufgestellt. Am interessantesten ist die Panoramadarstellung Jerusalems. Das dreiflügelige Bild geht über zweieinhalb Stockwerke und zeigt ein Jerusalem, das ganz der Phantasie des Künstlers entsprungen ist. Auf der obersten Plattform des Kalvarienbergs liegt uns die Stadt Füssen zu Füßen: das Hohe Schloß, die alte Benediktinerabtei mit der Kirche St. Mang, links das Lechtal und rechts die Füssener Seenplatte mit Forggensee und Hopfensee. Im Osten, unter dem Säuling, leuchtet gelb das Schloß Hohenschwangau.

Der Weiterweg führt uns auf der anderen Seite des Hügels in steilem Zickzack hinunter zum Schwansee. Im Sommer blüht im lichten Wald die selten gewordene, weiße Graslilie, eine streng geschützte Pflanze. Der schmale Pfad führt über viele offenliegende Wurzeln, die nach einem Regenguß unangenehm glatt sein können. Also Vorsicht!

Wir treffen auf eine Forststraße, der wir nach links folgen. Über uns steht steil und abweisend der Säuling. Beim Kahlschlag kurz vor der Serpentine ist links ein Klettergarten. Wenn man Glück hat, kann man hier den Felskletterern bei ihren akrobatischen Künsten zusehen. In einer knappen halben Stunde sind wir am **Schwansee** (1.15 Std.), der an seinem Nordufer im Sommer zu einem kühlen Bad einlädt.

Wir wandern zuerst auf der Forststraße, dann auf einem Fußweg direkt am Seeufer entlang. Der Weg führt durch ein herrliches Feuchtbiotop. Binsen, Herzblatt, Teufelsabbiß und Schwalbenwurzenzian blühen in den sumpfigen Wiesen, im Wasser schwimmen Seerosen und bieten Libellen einen trockenen Landeplatz. Am Ende des Sees wenden wir uns zuerst ganz kurz nach rechts und steigen dann links gut 10 Min. den **Fischersteig** aufwärts.

Oben verzweigen sich die Wege (1.40 Std.), links geht es um den Berenzenkopf nach Hohenschwangau, rechts über den Alpenrosenweg nach Füssen. Wir aber folgen dem mittleren Weg etwa 100 m geradeaus und biegen dann links in den schmalen Weg ein, der über die **Ruine Frauenstein** nach Hohenschwangau führt. Von der Burg Frauenstein, auf dem höchsten Punkt des Berenzenkopfes, ist nicht mehr allzuviel zu sehen. Ein paar Grundmauern unter einem abgeflachten Plateau sind alles, was der Zahn der Zeit von der einst so wichtigen Burg übrig gelassen hat. Sie gehörte dem Geschlecht der Schwangauer und war noch bis ins ausgehende 14. Jh. bewohnt.

Unser Weg führt an der Nordseite der Burg vorbei bis zu einem quer

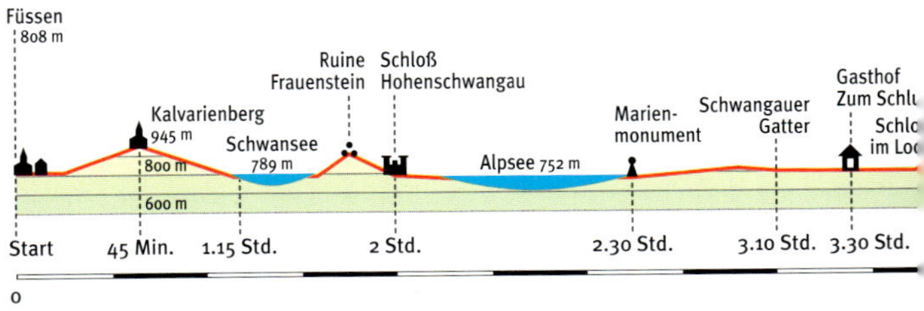

zum Weg verlaufenden Erdwall. Dort halten wir uns links und steigen zu dem Weg ab, der nördlich um den Berenzenkopf führt. Auf ihm wenden wir uns nach rechts und erreichen die Teerstraße zum Schloß Hohenschwangau. Spätestens in 2 Min. stehen wir im **Schloßhof** (2 Std.) und können bei einer Besichtigung erfahren, was für einen Geschmack der mächtigste Mann Bayerns vor 150 Jahren hatte.

Schloß Hohenschwangau war die ›Privatwohnung‹ des bayerischen Königs Max II. Als Kronprinz kaufte er 1832 das zur Ruine verfallene Schloß und beauftragte seinen Zeichenlehrer Domenico Quaglio mit der Umgestaltung. Der Künstler ließ die alte Bausubstanz praktisch unverändert, nur mit wenigen Zutaten gab er ihr die vor allem vom König hochgeschätzten Formen der Neugotik. Die Bilder und Wandmalereien nach Entwürfen von Moritz von Schwind erzählen deutsche Geschichte und deutsche Sagen.

Nach dem Besuch des Schlosses gehen wir die Teerstraße wieder abwärts, passieren die Stelle, wo wir auf sie gestoßen sind und kommen an eine **Straßengabelung.** Links geht es in den Ort Hohenschwangau. Wir aber wenden uns nach rechts und wandern die **Fürstenstraße** zunächst nur wenige Meter entlang. Ein Wegweiser schickt uns dann links auf den Rundweg um den **Alpsee,** der tief unter uns geheimnisvoll grün leuchtet. Der Wanderweg senkt sich ganz langsam ab, kurz vor dem Ende des Sees hat er fast den Wasserspiegel erreicht. Wir umrunden eine versumpfte Bucht und kommen an einen Weg, der in spitzem Winkel abzweigt (2.30 Std.) und wieder zur **Fürstenstraße** führt.

Dort werden wir später zu ihr aufsteigen. Doch zuerst wandern wir noch ein kurzes Stück um den See herum. Das **Marienmonument** markiert den Lieblingsplatz der bayeri-

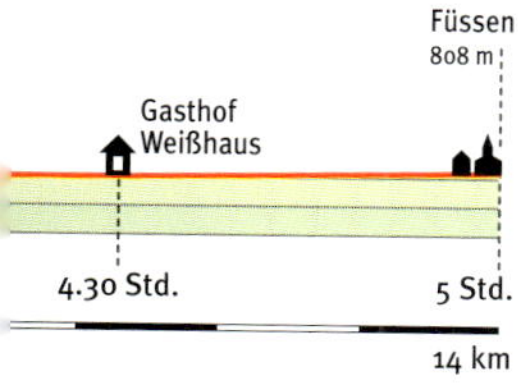

schen Königin Marie, der Gemahlin Königs Max II. Noch ein Stück weiter taucht über dem See das Märchenschloß Neuschwanstein auf, das der Sohn Maries, König Ludwig II., erbauen ließ. Der Blick ist diesen kleinen Umweg wert!

Wir wandern zur Abzweigung zurück (2.50 Std.) und steigen die paar Meter zur **Fürstenstraße** auf, der wir nach links Richtung Schwangauer Gatter folgen. Die Teerdecke ist keine Verschwendung. Es war billiger, die Straße zu teeren, als sie alljährlich im Frühjahr nach den winterlichen Holztransporten wieder reparieren zu müssen. Nun folgen wir den Spuren König Ludwigs II. Über diesen Weg brauste er mit seinem Prunkschlitten durch die Winternacht, ein Vorreiter mußte dafür sorgen, daß der Weg jederzeit frei war. Der Schlitten selbst war nicht, wie man meinen möchte, von Fackeln beleuchtet, sondern von elektrischen Lampen, die aus einem Akku gespeist wurden – der ›Märchenkönig‹ war der modernen Technik gegenüber sehr aufgeschlossen.

Am **Schwangauer Gatter** (3.10 Std.) überschreiten wir, unbehelligt von Kontrollen, die Grenze nach Tirol. Wir wandern bis zu einem **Holzplatz.** Hier führt links ein kleiner Steig abwärts, auf dem wir die weite Schleife der Forststraße abkürzen können. Wir treffen wieder auf sie, haben schnell den Talboden erreicht und können über die Weide (Durchschlupf) direkt auf den **Gasthof Zum Schluxen** zu wandern (3.30 Std.). Das in den 90er Jahren renovierte Haus kann auf eine beachtliche Tradition zurückblicken. König Ludwig II. von Bayern hatte hier ständig einige Zimmer gemietet. Wenn er dem ihm so lästigen Betrieb des Königshofes entkommen wollte, ritt oder fuhr er über die Fürstenstraße in dieses Refugium und war für seine Minister unerreichbar.

Der Weiterweg führt vom Gasthof aus rechts (in unserer ursprünglichen Richtung gesehen) durch einen Weidedurchschlupf und dann direkt am Berghang entlang bis zu einer 1896 erbauten **Kapelle** mit Muttergottesbild (3.40 Std.). Kurz danach haben wir noch Gelegenheit, einen Abstecher zu einer ehemaligen Höhlenburg zu machen. Ein Wegweiser (›Weißhaus Ziegelwies‹), der allerdings, aus unserer Richtung kommend, kaum zu sehen ist, führt uns rechts steil aufwärts, nach knapp 10 Min. schickt uns ein zweiter links unter den Felswänden vorbei zu den Überresten der alten Burg. Das **Schloß im Loch** war um 1250 von den Herren von Hoheneck in Vils zur Sicherung der Grenze ausgebaut worden. Als aber ab 1400 die Grenzen nach Bayern klar definiert und damit nicht mehr umstritten waren, ließ man die Burg verfallen. Nach der Besichtigung kehren wir auf dem gleichen Weg wieder ins Tal zurück (4 Std.).

Vom Abzweig zum Schloß im Loch folgen wir zunächst dem Weg in der ursprünglichen Richtung, bis er nach einem Weiher links abbiegt. Dort gehen wir auf dem schmalen Pfad entlang der Stromleitung ganz kurz aufwärts und treffen oben auf eine Forststraße, der wir bis ins Tal hinunter folgen.

Beim **Lechkraftwerk** stoßen wir auf die belebte österreichische **Bundesstraße** Füssen–Reutte, gehen aber auf ihr nur am Kraftwerk vorbei und gleich wieder rechts auf den großen Holzplatz. Dort führt vom hinteren linken Eck ein Weg parallel zur Bundesstraße bis zu den ehemaligen österreichischen Zollhäu-

Schloß Hohenschwangau mit dem dahinter aufragenden Säuling

sern. Im **Gasthof Weißhaus** (4.30 Std.) können wir nochmals Rast machen, dann geht es an der Straße entlang zu den deutschen Grenzhäusern und schließlich auf dem Gehweg neben der Straße weiter.

Am Steg beim **Lechfall** finden wir den berühmten Magnustritt, zwei schuhförmige Abdrücke im Felsen (neben einem Kreuz), hoch über der Schlucht, durch die sich der Lech zwängt. St. Magnus, der berühmte Missionar des Allgäus, soll hier, von ›wütenden Heiden‹ verfolgt, in gewaltigem Sprung über den Lech gesetzt und so seinen Häschern entkommen sein. Wir haben es einfacher, wir gehen über den Steg und sind in einer Viertelstunde wieder im Zentrum von **Füssen** (5 Std.).

Sankt Nikolaus und Ritter Georg

Von Bernbeuren auf den Auerberg

Viele Sagen ranken sich um den Auerberg, einen Moränenrücken aus der vorletzten Eiszeit. Versunkene Burgen mit verborgenen Schätzen sollen hier zu finden sein, es muß nur ein Sonntagskind kommen, mit Glück und viel Mut.

DIE WANDERUNG IN KÜRZE

+ Anspruch

3.30 Std. Gehzeit

9 km Länge

Charakter: leichte Halbtageswanderung, größtenteils auf guten Bauernstraßen; sogar mit dem Kinderwagen möglich

Wanderkarte: Umgebungskarte 1:50 000 Füssen und Umgebung

Einkehrmöglichkeit: Gasthof am Auerberg

Anfahrt: Busverbindungen von Schongau, Steingaden und Marktoberdorf nach Bernbeuren; mit dem **Auto** von Füssen auf der B 16 Richtung Marktoberdorf, in der Ortsmitte von Stötten (kurz vor der Kirche) rechts ab nach Bernbeuren; Parkmöglichkeit in Bernbeuren entweder in der Ortsmitte oder an der Kirche

Bernbeuren ist bis heute ein Dorf geblieben. Geprägt wird es von der wuchtig-soliden Nikolauskirche, die von lokalen Künstlern nach dem großen Dorfbrand 1720 gebaut wurde. Der Entwurf für die Altäre und die Kanzel stammt von Anton Sturm aus Füssen, der die vier Kirchenväterfiguren der Wieskirche schuf, die Figuren des Hochaltars mit dem hl. Nikolaus in der Mitte sind offensichtlich von ihm selbst ausgeführt worden.

Unser Weg führt uns von der **Ortsmitte** von Bernbeuren zunächst auf der Burgstraße in südlicher Richtung an einem Bauernhof vorbei, den ein großes Hauskreuz und eine Madonna zieren. Die Markierung des Prälatenweges, zwei Bischofsstäbe auf blauem Grund, wird uns bis über den Auerberg hinaus begleiten. Der Prälatenweg ist ein Fernwanderweg, der von Marktoberdorf bis nach Bernried am Starnberger See führt. Nach dem Ortsschild müssen wir auf

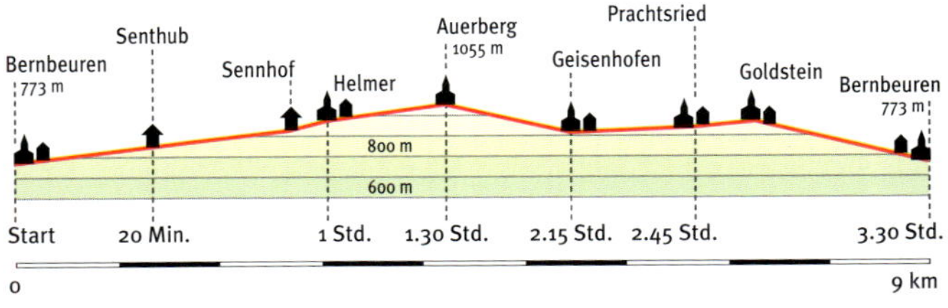

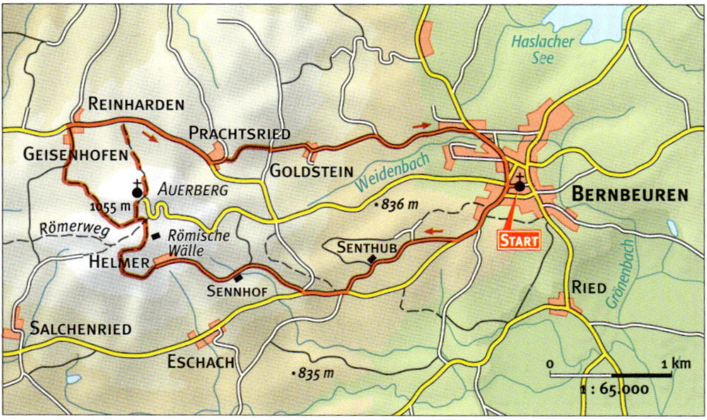

der Teerstraße noch einen kleinen Buckel hinauf, dann können wir endlich die Autostraße verlassen. Wir folgen den Wegweisern ›Ellensberg–Senthub‹ nach rechts, ein Bauernsträßlein ohne viel Verkehr führt uns an einem gußeisernen Feldkreuz aus der Jahrhundertwende vorbei zum Bauernhof **Senthub** (20 Min.). Der Hof wird bereits in einer Urkunde aus dem Jahr 1316 genannt, die Familie, die ihn heute bewirtschaftet, geht bis ins Jahr 1689 zurück. Wenn das nicht Tradition ist!

Durch kleine Baumgruppen, in deren Schutz im Vorfrühling Anemonen und Schlüsselblumen auf Sonne und Wärme hoffen lassen, führt der Weg wieder hinunter auf die Hauptstraße, die wir wohl oder übel nochmals ein paar hundert Meter entlanglaufen müssen. An der Schulbushaltestelle zweigt eine Straße rechts ab und gabelt sich unmittelbar darauf noch einmal. Wir nehmen die linke Straße Richtung Sennhof und Helmer, wenn auch rechts ein Schild ›Auerberg‹ steht. Dieser Weg würde uns nur auf die belebte Auerbergstraße führen.

Unser Sträßlein führt leicht aufwärts am **Sennhof** vorbei. Eine kleine Bank neben ein paar Fichten lädt zu einer kurzen Rast ein. Der Blick nach Süden ist grandios: Unter uns liegt das Alpenvorland mit seinen Moränenhügeln, wie es wohl jahrhundertelang ausgesehen hat, noch unberührt von unsinniger Flurbereinigung. Die Felder sind mit Baumgruppen und Hecken eingezäunt. So wird der Wind, der die dünne Humusschicht über dem Kiesboden des Alpenvorlandes allzu schnell austrocknen würde, abgehalten. Es gibt Platz für Vögel und Kleintiere, die als lebende Insektenvernichter jedem Bauern viele Liter Spritzmittel einsparen helfen.

In einer guten Viertelstunde kommen wir an die kleine Ortschaft **Helmer** (1 Std.) mit einem liebevoll gestalteten kleinen Bauerngärtlein direkt am Ortseingang. Am Ortsende hört die Teerstraße auf und geht in einen Feldweg über.

Am Hang sehen wir einen Wall, der von einem Einschnitt unterbrochen wird. Dies ist keine natürliche Geländeform, es ist vielmehr die Umwallung einer **römischen Befestigung,** die einst eine Siedlung schützte. Diese bestand aus Holzhäusern, die zwischen 14 und 37 n. Chr. er-

Wallfahrtskirche St. Georg auf dem Auerberg

baut wurden. Grabungsfunde belegen, daß sie von Handwerkern und Händlern bewohnt war. Warum die Siedlung bald wieder verlassen wurde, wissen wir nicht. Doch können wir aus dem Patron der Kirche vom Auerberg schließen, daß hier wohl ein Tempel stand, in dem der Kriegsgott Mars verehrt wurde. Heute weiß man, daß überall dort Georgskirchen zu finden sind, wo zur Römerzeit Marsheiligtümer nachgewiesen werden konnten.

Vom ersten Wall brauchen wir noch etwa 10 Min. bis zur alten **Wallfahrtskirche** auf dem **Auerberg** (1.30 Std.). Wenn man nicht an einem typischen Ausflugssonntag herkommt, umfängt einen in der Kirche eine kühle Ruhe. An der Wand gegenüber dem Eingang reitet der Kirchenpatron über seinem Drachen – eine fast lebensgroße Figurengruppe aus der zweiten Hälfte des 17. Jh. Die wertvollste Plastik des Kirchleins ist die um 1520 entstandene, hoheitsvolle Muttergottes auf der Mondsichel, die im Chorraum hängt. Sie ist eines der wichtigsten Werke des schwäbischen Bildschnitzers Jörg Lederer.

Neben der Sakristeitür ist ein kleiner offener Eingang. Durch den sollten Sie schlüpfen und (vorsichtig!) die steile Treppe zum Turm hinaufsteigen. Wenn einem ein kräftiger Föhn ins Gesicht bläst, hat man von hier oben eine phantastische Sicht. Im Osten stehen die Ammergauer Alpen von der Klammspitze bis zur Hochplatte, dahinter das Wetterstein mit der Zugspitze. Daran reihen sich die Berge um Füssen, der Tegelberg (Tour 1) über seinen Königsschlössern und der Säuling, hinter dem schon die Berge um Berwang mit der Heiterwand aufleuchten. Dort, wo sich das Lechtal ins Voralpenland öffnet, liegt Füssen, das Hohe Schloß ist deutlich zu sehen. Dahinter die Lechtaler Alpen, eine Berggruppe, die noch recht wenig erschlossen ist und sich dem Ruhesuchenden mit stillen Wegen anbietet. Dann folgt die Tannheimer Gruppe mit dem unverkennbaren Gipfel des Aggensteins (Tour 5), hinter dem der Hochvogel aus den Allgäuer Hochalpen hervorspitzt. Ganz im Westen beschließt der Grünten (Tour 12) die Bergprozession. Mit gutem Auge oder einem Fernglas kann man die Sendeanlagen auf seinem Gipfel gut erkennen.

Das Wirtshaus unterhalb des Kirchleins wird, wie ein Schild am Eingang verkündet, schon seit 1601 von der gleichen Familie bewirtschaftet. Der junge Koch, der unglaublich gute Kuchen aus seinem Backofen hervorzaubert, ist bereits die zwölfte Generation, die dem Haus und der schweren dreifachen Aufgabe, nämlich gleichzeitig Bauer, Mesner und Gastwirt zu sein, treu geblieben ist.

Abkürzung: Geht man vom Parkplatz auf dem Auerberg direkt nach Norden durch den Wald, trifft man zwischen Reinharden und Prachtsried wieder auf den Wanderweg. Zeitersparnis: etwa eine halbe Stunde.

Wir gehen vom **Wirtshaus** aus zurück Richtung Römerwälle und dort, wo der Weidezaun beginnt, nach rechts den Berg hinunter. Bei den ersten Bäumen auf einer Weide finden wir wieder das Zeichen des Prälatenweges, dem wir zum Wald hinunter folgen. Ein uralter Hohlweg führt uns weiter. Es ist einer der heute fast vergessenen Pfade, die wohl schon zu Römerzeiten auf den Berg führten. Über die Wiesen (bitte wirklich nur am Zaun entlanggehen!) sind wir in ein paar Minuten in **Geisenhofen** (2.15 Std.).

An der Teerstraße, auf die wir jetzt stoßen, verläßt uns der Prälatenweg, denn wir gehen nach rechts wieder Richtung Bernbeuren zurück. Auf dem kaum befahrenen Sträßlein kommen wir über **Reinharden** nach **Prachtsried** (2.45 Std.), biegen hinter dem ersten Bauernhof links ab, bewundern ein Fresko des hl. Georg über dem Eingang des zweiten Hofes und marschieren auf einem schmalen Feldweg an einem Einfamilienhaus vorbei weiter. Nach etwa 10 Min. überqueren wir ein Teersträßlein, kommen durch den Weiler **Goldstein** und erreichen, immer neben dem Weidenbach, wieder **Bernbeuren** (3.30 Std.). Der Postweg führt uns zum Parkplatz zurück.

Der Georgsritt

Der **Auerberg** war lange wegen seines Autorennens bekannt, das alle Jahre hier abgehalten wurde. Diese moderne Tradition ist heute aus Umweltschutzgründen zumindest vorläufig unterbrochen worden. Eine andere Tradition, von der man vor etlichen Jahren dachte, daß sie sich nicht mehr aufrechterhalten ließe, gedeiht indessen besser als je zuvor: der Georgsritt am Sonntag nach dem 23. April. Etwa 130–150 Pferde nehmen alljährlich Aufstellung an den Römerwällen und reiten zum kirchlichen Segen auf den Berg und um die Kirche.

Tour 4

Kaiserliche Fischweiher

Von Seeg zu den Burgruinen Hohenfreyberg und Eisenberg

Vorbei an mehreren Fischweihern, die Kaiser Maximilian I. hatte anlegen lassen, führt die Wanderung zu zwei sehenswerten Burganlagen: Die beiden Burgruinen Eisenberg und Hohenfreyberg gehören zu den besterhaltenen historischen Stätten des Allgäus.

DIE WANDERUNG IN KÜRZE

+ Anspruch

5.30 Std. Gehzeit

14 km Länge

Charakter: einfache Ganztageswanderung, größtenteils über gute Bauernstraßen und Feldwege

Wanderkarte: Umgebungskarte 1:50 000 Füssen und Umgebung

Einkehrmöglichkeiten: Café Panorama in Seeleuten, Gasthof Schloßbergalpe auf dem Eisenberg

Anfahrt: Seeg liegt an der **Bahnstrecke** Marktoberdorf–Füssen; von allen Orten der Umgebung gute **Busverbindungen** nach Seeg; mit dem **Auto** auf der A 7 bis zum Autobahnende, dann der Beschilderung Richtung Seeg folgen; Parkmöglichkeit in der Nähe der Kirche oder auf dem Wanderparkplatz an der Straße nach Nesselwang

Bademöglichkeit: Schwaltenweiher

Ausgangspunkt unserer Wanderung ist die **Kirche** von **Seeg.** Der Ortsprospekt bezeichnet sie als ›Kleine Wies‹. Das ist keine Übertreibung. Wer die Kirche besucht wird fast still vor Staunen angesichts der aufwendigen Barock- und Rokoko-Ausstattung. Mit dem Entwurf war der damals bekannteste Baumeister Süddeutschlands, Johann Jakob Herkomer, beauftragt worden. Um 1700 begann man mit den Arbeiten, 25 Jahre wurde dann an der Kirche gebaut, weitere 50 Jahre vergingen, bis sie voll ausgestattet war. An der Gestaltung des aufwendigen Hochaltars, der dem Kirchenpatron Ulrich geweiht ist, waren gleich drei namhafte Künstler beteiligt: Johann Georg Geiger als Altarschreiner, Franz Ignaz Buder als Schnitzer und Johann Baptist Enderle als Maler.

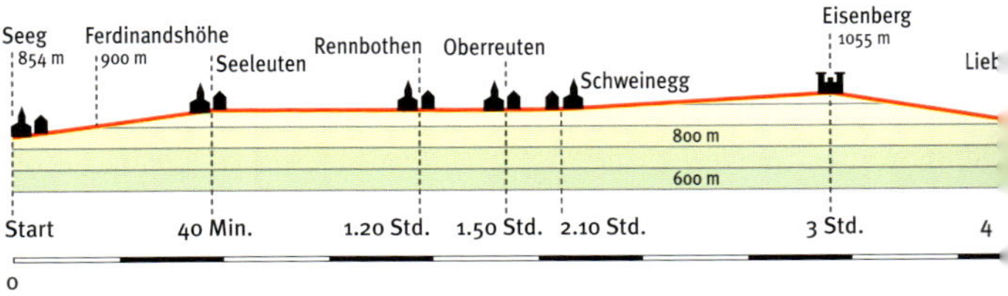

Von der **Kirche** gehen wir im Dorf die Hauptstraße Richtung Süden entlang. Wir kommen am alten Gasthof Adler vorbei, von dem die Urkunden berichten, daß er schon 1316 als Meierhof des Stiftes Füssen bestand. Am **Heimatmuseum** biegen wir rechts ab und folgen unmittelbar danach einem kleinen Feldweg, der sich über den Hang hinwegzieht. Unser Blick schweift nach Norden auf die Ulrichskirche und über die zwei kleinen Seen, die sich Kaiser Maximilian I. Anfang des 16. Jh. als Fischweiher anlegen ließ.

Der Weg führt durch einen kleinen Wald leicht aufwärts bis zu Wegweisern, von denen der eine nach Seeleuten, der andere zur Ferdinandshöhe weist. Eigentlich müßten wir Richtung Seeleuten weitergehen, doch die Bezeichnung ›Höhe‹ verspricht eine gute Aussicht. Die 10 Min. Umweg zur **Ferdinandshöhe** werden Sie nicht bereuen. Vom Zwiesel bei Bad Tölz über die Trauchgauer und die Ammergauer Berge schweift der Blick auf die Tannheimer und Allgäuer Alpen bis zum Immenstädter Horn (Tour 27). Ziemlich genau im Süden liegt unser Wanderziel vor uns – die zwei Burgruinen Hohenfreyberg und Eisenberg, die im Gegenlicht dunkel aus den Moränenbuckeln aufragen. Der Aussichtspavillon ist nach dem Lehrer Ferdinand Musch (1844–1904) benannt, der sich große Verdienste um die Anfänge des Fremdenverkehrs in

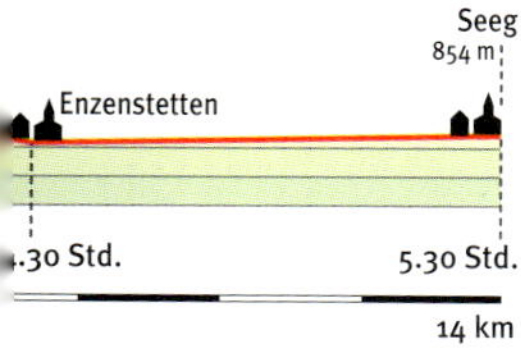

Seeg erwarb. Wir gehen zu der Weggabelung zurück und erreichen nach gut 10 Min. den kleinen Ort **Seeleuten** (40 Min.). Im Frühjahr geben Pestwurz, Schlüsselblumen und ein paar Veilchen Hoffnung, daß die warme Jahreszeit nicht mehr allzu fern ist.

Am Café Panorama, der letzten Einkehrmöglichkeit vor den Burgruinen, können wir noch einmal die Aussicht bewundern, dann folgen wir der Teerstraße links hinunter. Etwas oberhalb steht die kleine **Karl-Borromäus-Kapelle,** die der Bauer Xaver Endraß 1960–1962 als Dank für die glückliche Heimkehr aus Krieg und Gefangenschaft erbaute. Zu Mariä Himmelfahrt am 15. August ist sie Ziel einer großen Wallfahrt von Heimkehrern.

Nach ein paar Minuten sind wir am **Schwaltenweiher** (50 Min.). Im Sommer kann man dort herrlich baden. Vom Weiher aus müssen wir die große, aber recht wenig befahrene Teerstraße einen guten halben Kilometer weit nach Südosten gehen. Dann biegen wir bei einer Kiesgrube rechts in einen kleinen Feldweg ein, der uns direkt nach einem Weiler mit dem seltsamen Namen **Rennbothen** führt (1.20 Std.). Der Name leitet sich von den Eilboten der Burgherren ab, die hier Grund und Haus bekommen haben.

In Rennbothen gehen wir nach dem dritten Haus links auf einem kleinen Weg an einem Einfamilienhaus vorbei auf die Straße nach **Unterreuten,** das mit Rennbothen praktisch zusammengewachsen ist. Wir kommen an eine Kapelle mit einem Zwiebelturm und wandern auf der Straße weiter nach **Oberreuten** (1.50 Std.), das mit prächtigen Bauernhöfen behäbig-breit in der Landschaft liegt. Über den Anwesen ragen die Hausberge von Nesselwang auf, die 1575 m hohe Alpspitz und der um etwa 50 m höhere Edelsberg (Tour 6).

Die Kapelle am Dorfeingang, die den Bauern gemeinsam gehört, ist dem hl. Antonius geweiht. Ihrer wertvollen Ausstattung wegen muß sie leider verschlossen werden. Am Kellerhof, gegenüber der Kapelle, hängt ein prächtiges ›Arma-Christi-Kreuz‹, eine typische Darstellung aus der Barockzeit: Christus am Kreuz, umgeben von den verschiedenen Leidenswerkzeugen. Man findet solche Darstellungen noch im Bayerischen Wald, manchmal auch in Niederbayern oder ganz vereinzelt hier im Allgäu. Am Ende unserer Wanderung werden wir noch einmal an so einem Kruzifix vorbeikommen.

Unser Weg verläßt jetzt das Teersträßlein und führt, links abbiegend, über einen kleinen Bach und einen Hang aufwärts nach **Schweinegg** (2.10 Std.). Dort queren wir eine Teerstraße und wandern, dem Wegweiser folgend, weiter auf die Burgruinen zu. Der Weg führt über Almwiesen auf den **Schloßweiher** zu. Kurz zuvor gabelt er sich: Links geht es direkt zu den Ruinen, der rechte Weg scheint ein Umweg zu sein. Trotzdem ist er zu empfehlen, denn der linke Weg ist oft naß und sumpfig. Wir gehen den Weiher entlang, der sich, etwas überraschend, als kleiner Stausee erweist.

Wir überqueren die Staudammkrone und folgen im Wald den Steigspuren, die zu den Burgen hinaufführen. Oben gehen wir nicht über die Lichtung, sondern am Waldrand entlang, um das Gras nicht zu zertreten. Nach etwa 200 m stoßen wir auf einen Feldweg, dem wir weiter nach Osten folgen. In gut 10 Min. erreichen wir eine Wegkreuzung, an der uns Schilder wieder zu den Ruinen weisen. Wir marschieren leicht aufwärts bis zu einer Linksbiegung. Hohenfreyberg sehen wir bereits über uns stehen. Wir gehen auf dem großen Weg direkt auf den **Sattel** zwischen den Burgen Hohenfreyberg und Eisenberg zu (3 Std.).

Eisenberg, die ältere der beiden Burgen, war der Mittelpunkt einer Herrschaft, die wohl im 11. Jh. entstanden war. Um 1400 wurde auf dem Nachbarhügel **Hohenfreyberg** erbaut. Diese Ruine ist noch heute im Besitz der Familie von Freyberg, kann aber jederzeit besichtigt werden. **Eisenberg** gehört der gleichnamigen Gemeinde, die sich bemüht, das Bauwerk so gut wie möglich zu restaurieren und zu erhalten. Es ist in der Spätzeit des Burgenbaus entstanden und war, wie sein Pendant, zweischalig gebaut. Eine äußere Mauer, den Zwinger, hatte man um die eigentliche Burg gezogen. Die Hauptburg war nicht viel höher als die Außenmauer. Solange diese standhielt, waren die Wohngebäude vor feindlichem Beschuß geschützt.

Nach der Besichtigung und einer Rast in der Schloßbergalpe gehen wir auf der Südseite des Gasthofs zunächst einen kleinen Feldweg entlang, der sich um den Hügel der Alpe windet. Bei der großen Wetterfichte am Waldrand führt der Pfad geradeaus in den Wald hinein, der Wegweiser zeigt nach Pröbsten und Weizern.

Bereits nach ein paar Minuten weist uns ein Schild zum **Drachenköpfle** (3.30 Std.), das wir in etwa 5 Min. erreichen können. Es ist ein kleines Hochplateau mit Bergkreuz, das an die Opfer der beiden Weltkriege erinnert. Die Aussicht ist leider durch zu hoch gewachsene Bäume verdeckt. Dafür kann man etwas unterhalb des Kreuzes, am Südhang, den Eingang zu einem kleinen Erzstollen entdecken, der ein Stück in den Hang hineinführt. Der Eingang ist sehr schmal, erst innen wird der Stollen etwas breiter. Zu finden ist in dem Loch nichts, es ist nur dunkel und schmutzig, aber die Phantasie verzaubert jeden Felsbrocken in einen funkelnden Edelstein.

Vom Drachenköpfle gehen wir wieder zurück bis zur Wegabzweigung und folgen dem Steig durch den Wald abwärts bis zu einem flachen Graben. Hier müssen Sie sich sorgfältig an die etwas spärlichen roten Markierungen an den Bäumen halten, der Weg ist nicht immer gut zu erkennen. Wir folgen ihm nicht nach unten, sondern schräg rechts aufwärts und kommen bei einem Grenzstein an einen Holzziehweg, den wir wieder abwärts gehen. Der Weg wendet sich nach ein paar hundert Metern nach links und wird immer steiler. Bei einer scharfen Biegung nach links verlassen wir ihn und steigen einen schmalen, etwas überwachsenen Pfad geradeaus nach unten, umgehen eine kleine Lichtung, steigen noch einmal im Zickzack abwärts und kommen auf einen Feldweg, der nach rechts zum Weiler **Lieben** führt (4 Std.).

Burgruine Hohenfreyberg

Dort folgen wir der Teerstraße nach links, finden einen Wegweiser Richtung **Baumgarten,** das wir in etwa 5 Min. erreichen. Wir durchqueren das Dorf und kommen über den Weiler **Bach** nach **Enzenstetten** (4.30 Std.) an die große Hauptstraße. Wir marschieren durch das Dorf, gehen etwa 500 m die Hauptstraße entlang und biegen kurz hinter dem Dorfausgang nach rechts zu den Sportplätzen ab. Von der Stelle, wo die Straße vom Ort Brandstatt einmündet, führt ein gerader Weg nach **Seeg** zurück (5.30 Std.).

Zwei Gipfel und eine Klamm

Von Pfronten auf den Aggenstein

Diese Tour ist bei Kindern ungemein beliebt, bietet sie doch für sie gleich zwei Höhepunkte: die kleine Kletterpartie vom Aggensteinsattel zum Gipfelkreuz und das Badevergnügen im Reichenbachtobel.

DIE WANDERUNG IN KÜRZE

++
Anspruch

5 Std.
Gehzeit

1150 m
Abstieg

Charakter: nicht zu anstrengende Bergwanderung; das letzte Stück zum Gipfel nur für absolut Schwindelfreie; in der Reichenbachklamm Trittsicherheit erforderlich

Ausrüstung: evtl. Reepschnur zum Sichern von Kindern

Wanderkarte: Umgebungskarte 1:50 000 Füssen und Umgebung

Einkehrmöglichkeiten: Ostlerhütte am Breitenberg, Pfrontner Hütte

Anfahrt: mit der **Bahn** auf der Strecke Kempten–Reutte bis zur Station Pfronten-Steinach (direkt gegenüber der Talstation der Breitenbergbahnen); gute **Busverbindungen** von allen Orten der Umgebung, Bushaltestelle an der Talstation; mit dem **Auto** auf der B 309 Richtung Reutte bis zum Parkplatz der Breitenbergbahnen, kurz hinter dem Ortsende von Pfronten-Steinach

Bademöglichkeit: Gumpen im Reichenbachtobel

Ausgangspunkt unserer Wanderung ist die **Talstation** der **Breitenbergbahnen** am Ostrand von Pfronten-Steinach. In gut 10 Min. befördert uns die Gondel auf den Unteren Breitenberg, und weil wir eben so schön dabei sind, lassen wir uns vom Sessellift nochmals 150 m höher auf den

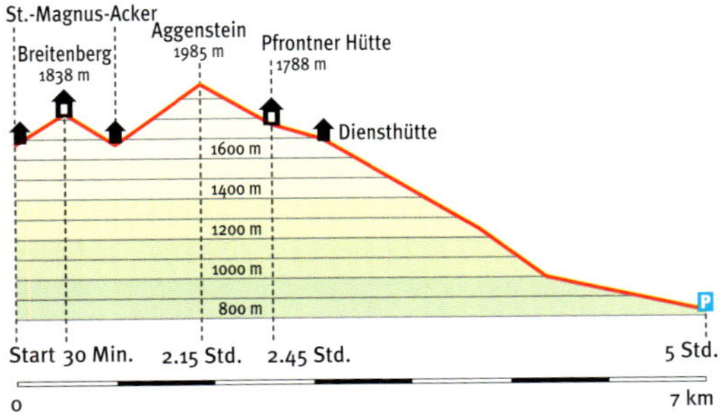

St.-Magnus-Acker tragen, der sich als große Alpwiese entpuppt. Sie gehörte vor der Säkularisation dem Kloster St. Magn in Füssen, der Name ist bis heute geblieben.

Die gesparte Zeit können wir in den ersten Gipfel investieren. Wir steigen auf einem ausgetretenen Bergweg direkt von der Liftstation aus auf und erreichen in einer halben Stunde den Gipfel des **Breitenbergs** (30 Min.). Ein atemberaubender Tiefblick vom Gipfelkamm belohnt für den Aufstieg.

Unterhalb der fast senkrecht abfallenden Nordflanke, direkt unter uns, breitet sich Pfronten aus, das buckelige Voralpenland dahinter verleitet zum Suchen nach Bekanntem und Unbekanntem. Schräg vor uns liegt die Ruine Falkenstein, die König Ludwig II. zu einer Raubritterburg, einem Pendant zu Neuschwanstein, ausbauen wollte. Dahinter entdecken wir die beiden Ruinen Hohenfreyberg und Eisenberg (Tour 4), die Füssener Seenplatte und den Auerberg (Tour 3). Im Süden baut sich eindrucksvoll der Aggenstein mit seinen beiden Gipfeln auf, das Zickzack des Anstiegsweges ist in der schattigen Nordwestflanke gut zu erkennen.

Wir gehen auf dem gleichen Weg zurück zur **Bergstation** (50 Min.). Achten Sie hier auf den Boden, die Steine sind zum Teil so stark abgetreten, daß erhebliche Rutschgefahr besteht!

Von der Bergstation marschieren wir über den St.-Magnus-Acker Richtung Aggenstein. Der Weg ist nicht zu verfehlen, wir müssen nur am Fuß des Berges, wo sich der Nordgrat bis zu den Alpwiesen herabzieht, darauf achten, daß wir rechtzeitig auf die Westseite wechseln. Links führt der Weg zu einer Diensthütte, an der wir

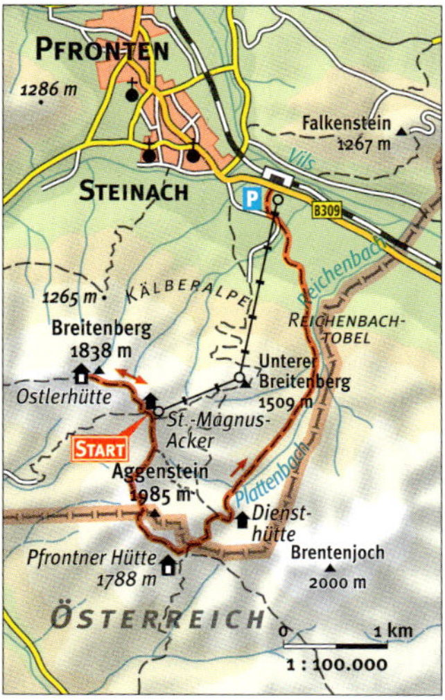

später noch vorbeikommen werden. Hier hat die Bergbahngesellschaft statt der üblichen orangefarbenen Schneezäune aus Kunststoff einen Zaun aus Holz aufgestellt, der sich, soweit das überhaupt möglich ist, einigermaßen gut in die Landschaft einpaßt.

Unser Weg führt uns jetzt in steilem Zickzack aufwärts. Wenn man Glück hat, kann man die Murmeltiere pfeifen hören und, mit etwas Geduld, auch durch das Fernglas beobachten. Der Westgrat ist übrigens eine beliebte Kletterführe. Etwa eine Stunde dauert der Aufstieg, nur gut, daß dieser Teil des Berges auch am späten Vormittag meistens noch im Schatten liegt.

Schließlich erreichen wir den kleinen **Aggensteinsattel** (2 Std.), zwischen den beiden Gipfeln des gleichnamigen Berges gelegen. Dort bleiben diejenigen sitzen, die sich die kleine Kraxelei auf den Gipfel nicht zutrauen, die anderen steigen hinauf zum Gipfelkreuz des **Aggensteins** (2.15 Std.).

Der Berg steht recht isoliert in der Landschaft und bietet daher einen weiten Rundumblick. Nur im Osten verdeckt das Brentenjoch ein wenig die Sicht. Hinter seinen latschenbewachsenen Flanken spitzen die Klettergipfel der Tannheimer Gruppe auf, der Gimpel, die Rote Flüh oder die Kettenspitz, in der Ferne steht, oft weiß überzuckert, das Wetterstein mit der Zugspitze vor dem Karwendel. An klaren Föhntagen soll man ganz im Osten sogar der Großvenediger sehen können. Im Süden steht die unübersehbare Gipfelschar der Lechtaler Alpen, dahinter glänzen die Gletscher des Ötztals. Etwas weiter rechts unverkennbar der Hochvogel, auch der Widderstein (Tour 19) und der Hohe Ifen (Tour 20) he-

ben sich markant von dem Gemuggel der Berge des Illertals ab. Hinter der Hörnergruppe (Tour 24 und 25) leuchtet der Säntis, rechts daneben streckt sich die Nagelfluhkette vom Mittagberg (Tour 26) bis zum Hochgrat (Tour 28). Der Grünten (Tour 12) versperrt uns wieder etwas die Sicht, nördlich davon blicken wir weit in das Alpenvorland hinein. An einem klaren Tag kann man sogar die große Dampfwolke des Kernkraftwerkes Gundremmingen an der Donau sehen.

Es braucht schon einige Zeit, bis man hier mit dem Schauen fertig ist, aber es besteht kein Grund zur Eile, denn von nun an geht es nur mehr abwärts. Wir klettern vorsichtig vom Gipfel zurück auf den **Aggensteinsattel** und sind in einer halben Stunde bei der **Pfrontner Hütte** (2.45 Std.) angelangt.

Von der Hütte aus geht es gemächlich weiter abwärts, bis wir den tiefsten Punkt zwischen Aggenstein und Brentenjoch erreichen. Hier zweigt unser Weg steil nach unten ab. Nach der **Diensthütte** (links liegen lassen) kommen wir an die Trasse der Skiabfahrt, der wir abwärts bis zum **Schlepplift** folgen.

Der breite Weg führt geradeaus weiter bis zu einem **Holzlift** (3.45 Std.). Kurz davor hängt links oben an einem Baum eine wunderschöne alte Bildtafel, auf der der Allgäupatron St. Magnus um Schutz und Hilfe angefleht wird.

Wir lassen den Holzlift linker Hand liegen und steigen weiter steil abwärts in den **Reichenbachtobel.** Der Weg ist recht gut ausgebaut, trotzdem sollten Sie vorsichtig sein, denn hier ist es oft feucht und rutschig. Im unteren Teil der Klamm (oder Tobel, wie man im Allgäu sagt) läßt sich im Sommer wunderbar baden, das Wasser ist nicht eben warm, dafür sehr erfrischend.

Vom Tobel aus marschieren wir zuerst noch etwas durch den Laubwald, dann über die Wiesen auf die **Talstation der Seilbahn** zu (5 Std.).

Blick vom Gipfel des Aggensteins über den Breitenberg auf Pfronten

Tour 6

Wald- und Weideberge

Von Nesselwang über die Alpspitz zum Edelsberg

Die Alpspitz ist mit ihren 1575 m Höhe zwar erheblich niedriger als der gleichnamige, aber viel berühmtere Berg aus dem Wetterstein, dafür steht sie unmittelbar über der Moränenlandschaft des Alpenvorlandes. Das macht die Aussicht vom Gipfel besonders schön.

DIE WANDERUNG IN KÜRZE

++ Anspruch

5 Std. Gehzeit

750 m An-/Abstieg

Charakter: einfache Ganztageswanderung auf guten Bergwegen

Wanderkarte: Umgebungskarte 1:50 000 Füssen und Umgebung

Einkehrmöglichkeiten: Brotzeitstüberl an der Liftbergstation, Kappeler Alp

Anfahrt: Nesselwang liegt an der **Bahnstrecke** Kempten–Pfronten; vom Bahnhof zu Fuß über die B 309/B 310 hinweg; gegenüber der Kirche bergauf zur Talstation der Alpspitzbahnen; gute **Busverbindungen** von allen Orten der Umgebung nach Nesselwang; mit dem **Auto** von Füssen über die B 310 nach Nesselwang; im Ortskern, gegenüber der Kirche, bergauf zur Talstation der Alpspitzbahnen, wo man parken kann

Unsere Tour beginnt in **Nesselwang** an der **Talstation der Alpspitzbahnen.** Ein bequemer Wiesenweg führt uns die Lifttrasse entlang aufwärts, mal rechts, mal links vom Lift. Nach der **Mittelstation** (1 Std.) wird es steiler, dafür schützt uns der Wald vor zu viel Sonnenhitze. Wir wandern in ein paar Serpentinen aufwärts (bitte nicht abkürzen!), bis wir ziemlich unvermittelt vor der **Bergstation** der Sesselbahn (2 Std.) stehen.

Wir gehen zwischen ihr und einem Brotzeitstüberl vorbei und sind in einer weiteren halben Stunde bequem auf der **Alpspitz** (2.30 Std.). Am Gipfelriff kann man mit Hilfe von Karte, Kompaß und Fernglas versuchen, die Kirchen der Allgäuer Voralpenlandschaft zu identifizieren.

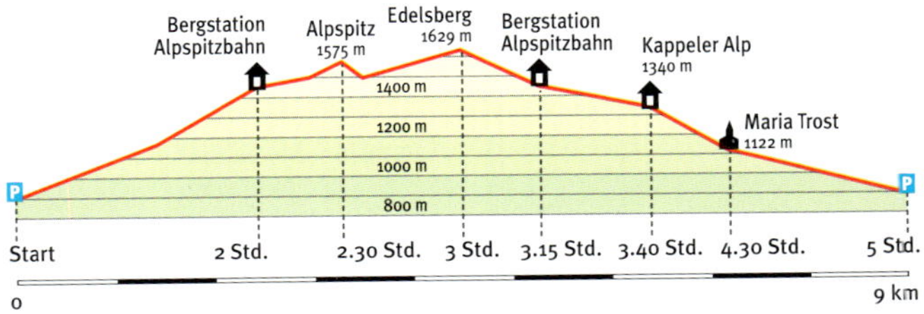

Gipfel der Alpspitz von Süden

Vom Gipfel steigen wir in die Wiesensenke zurück, aus der wir gekommen sind, und wandern die markierten Steigspuren entlang auf den **Edelsberg** (3 Std.), den wir schon von der Alpspitz aus als südlichen Nachbargipfel gesehen haben. Wenn Sie den Weg an einem Sonntag gehen, können Sie mit etwas Glück eine Bergmesse miterleben (meist um 11 Uhr). Ein fester Steinaltar steht etwas unterhalb des Gipfels.

Zurück gehen wir zunächst den gleichen Weg (ohne den Abstecher zur Alpspitz) bis zur **Liftstation** (3.15 Std.) und dort ein paar Meter weiter auf das Sportheim Böck zu. Am Wegweiser ›Kappeler Alp‹ biegen wir links in den Wald ab und wenden uns dort sofort wieder nach rechts (Weg Nr. 42). Nach einer guten Viertelstunde sind wir an der **Kappeler Alp** (3.40 Std.) bei Frau Kratzer, wo es nicht nur im Sommer eine ausgezeichnete Brotzeit gibt.

Unser Weiterweg biegt direkt hinter der Alpe, noch vor dem Zaun, links ab, man kann aber die paar Schritte bis zum Alpkreuz weitergehen und noch einmal die Aussicht genießen. Wir steigen im Wald steil abwärts bis zum **Wallfahrtskirchlein Maria Trost** (4.30 Std.), das wir in einer knappen Dreiviertelstunde erreichen. Das Gotteshaus zählt wegen seiner barocken Ausstattung zu den schönsten Bergkirchen des ganzen deutschen Alpenraums.

Von dort aus wandern wir die Kreuzwegstationen entlang zurück zum Parkplatz an der **Talstation** (5 Std.).

Tour 7

Promenade um den See

Um den Grüntensee von Wertach nach Faistenoy

Der Weg um den Grüntensee bei Wertach ist eine recht gemütliche Angelegenheit, eigentlich genügt ein Nachmittag dafür. Wir wandern durch eine herrliche Auenlandschaft und über einen Moränenzug mit schöner Aussicht.

DIE WANDERUNG IN KÜRZE

+ Anspruch

3.30 Std. Gehzeit

11 km Länge

Charakter: leichte Wanderung über Sträßchen und Wiesenwege; für Kinder gut geeignet, auch mit dem Kinderwagen möglich

Wanderkarte: Umgebungskarte 1:50 000 Kempten und Umgebung

Einkehrmöglichkeit: Gasthof Berghäusl in Faistenoy

Anfahrt: Busverbindungen von Füssen, Immenstadt und Hindelang zur Bushaltestelle an der Sebastianskirche bei Wertach; mit dem **Auto** auf der A 7 bis zur Abfahrt Oy–Mittelberg, weiter auf der B 310 Richtung Wertach; auf der Höhe von Wertach nicht rechts in den Ort, sondern links zur Sebastianskirche, an der man das Auto parken kann

Bademöglichkeit: hinter Haslach, am Ablauf des Grüntensees

Zu der **Sebastianskirche** bei Wertach sagen die Einheimischen ›Kleine Wies‹. Das hat seinen Grund, denn der Kirchenbaumeister nahm sich die eben fertiggestellte Wieskirche zum Vorbild und wiederholte hier all deren Bauelemente – vereinfachend natürlich.

Wir gehen von dem Kirchlein über die Wertachbrücke und biegen unmittelbar dahinter in die kleine Teerstraße ein, die mit ›W 9‹ bezeichnet ist. Nach wenigen Schritten geht sie in einen zum Teil mit Gras überwachsenen Feldweg über, der uns durch reiche Blumenwiesen an eine Abzweigung ›Grüntensee-Rundweg‹ führt. Wir gehen geradeaus weiter Richtung Kolpingheim, das oben am Wald schon zu sehen ist. Der Weg unterquert die Schnellstraße, durch eine kleine Schonung sind wir rasch am **Kolpingheim** (45 Min.). Wir lassen es rechter Hand liegen und gehen auf

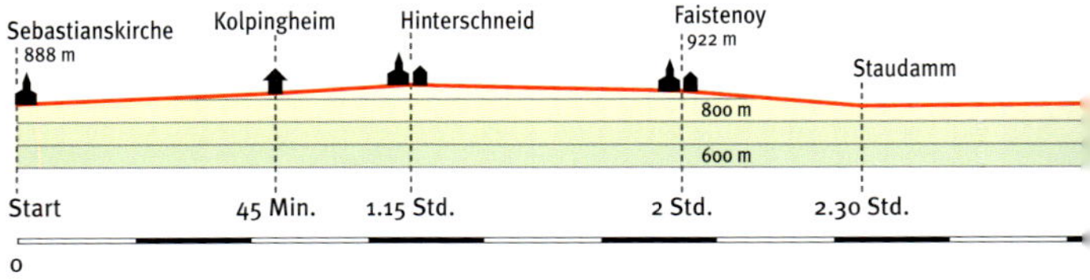

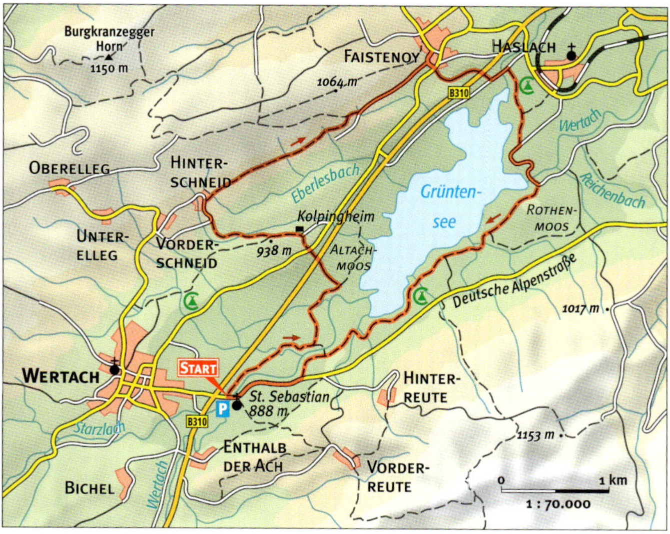

dem Weg W 10 zum Waldrand. Dort zweigt der Weg nach Elleg ab, dem wir bis zum Weiler **Hinterschneid** (1.15 Min.) folgen. Die kleine Kapelle St. Anna ist leider wegen Diebstahlgefahr ständig verschlossen.

Vor dem Haus Maria gehen wir rechts Richtung Faistenoy. Die schönen Kreuze aus der Jahrhundertwende am Wegrand sind oft liebevoll restauriert. Der Weg zieht sich am Hang entlang, zum Teil verengt er sich zu einem schmalen Wiesenpfad. Er bietet eine prächtige Aussicht auf die Vorberge zwischen Pfronten und Immenstadt. Unten liegt der Grüntensee, dem man gar nicht mehr ansieht, daß er künstlich aufgestaut ist. Gegenüber Wald- und Weideberge, die viele schöne Wanderziele bieten: Alpspitz und Edelsberg (Tour 6), die Reuterwanne und dahinter der felsige Sorgschrofen (Tour 8) neben dem Iseler (Tour 9), rechts schließt sich der Große Wald mit dem Wertacher Hörnle an, und im Osten, vor der Nagelfluhkette, steht der Grünten (Tour 12).

An alten Ebereschen vorbei kommen wir nach **Faistenoy** (2 Std.). Die kleine Kirche ist dem hl. Antonius von Padua geweiht. Sie wurde im 18. Jh. erbaut, hat aber einen Hochaltar, der etwa 100 Jahre älter ist. Er stammt aus dem benachbarten Mittelberg und ist heute um vieles wertvoller als der klassizistische, dem er dort weichen mußte.

Wir gehen auf der Dorfstraße zum Südrand des Ortes und wandern über ein kleines, für den öffentlichen Autoverkehr gesperrtes Sträßlein nach unten zum **Grüntensee** (2.15 Std.).

Den Seeuferweg neben der lauten Schnellstraße brauchen wir nur etwa

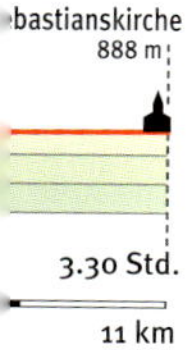

100 m in Richtung Haslach zu nutzen, vor dem Fußballplatz bietet sich rechts ein kleines Wiesenweglein an, das uns zwischen Campingplatz und Seeufer hindurch zum **Staudamm** bringt (2.30 Std.). Dort ist ein schöner Badeplatz, wo wir uns im Sommer erfrischen können.

Am Staudamm stehen seltsame Warnschilder: ›Elektrische Fischscheuchanlage!‹ Ein Angler erklärt das folgendermaßen: Die Fische im Grüntensee wurden immer wieder in die Turbinen des Kraftwerks gezogen und kamen dort kläglich ums Leben. Eine Art elektrischer Weidezaun treibt sie jetzt von der kritischen Stelle weg.

Auf einem breit angelegten Kiesweg, der unmittelbar hinter dem Staudamm beginnt, wandern wir schließlich am Ufer des Grüntensees entlang in etwa einer Stunde zurück zum **Sebastianskirchlein** (3.30 Std.). Nur die letzten Meter müssen wir auf einem Gehsteig an der Deutschen Alpenstraße entlangmarschieren, ansonsten ist es uns gelungen, trotz des starken Verkehrs um den See herum stille Wege zu finden, die das Wandern noch zum Vergnügen machen.

Blick über den Grüntensee auf den Grünten, den ›Wächter des Allgäus‹

Weidewiesen und Kletterfelsen

Von Jungholz auf den Sorgschrofen

Über den Liftwiesen von Jungholz steht, steil und abweisend, die Felsrippe des Sorgschrofens. Auch wenn man es von unten nicht für möglich hält: Der östliche der beiden Gipfel ist das Ziel der Tour.

DIE WANDERUNG IN KÜRZE

++ Anspruch

3.30 Std. Gehzeit

600 m An-/Abstieg

Charakter: im unteren Teil einfache Wiesenwege; im oberen Teil ausgesetzter Steig, Trittsicherheit erforderlich

Ausrüstung: evtl. Reepschnur zum Sichern von Kindern beim Gipfelanstieg

Wanderkarten: Umgebungskarten 1:50 000 Füssen und Umgebung, Kempten und Umgebung oder Allgäuer Alpen

Einkehrmöglichkeiten: Gasthöfe in Jungholz und Langenschwand

Anfahrt: Busverbindungen von Hindelang und Wertach nach Jungholz; mit dem **Auto** auf der A 7 bis zur Abfahrt Oy–Mittelberg, dann über B 309 und B 310 vorbei an Wertach bis zur Abzweigung nach Jungholz; Parkmöglichkeit bei den Skiliften (am Ortsausgang rechts am Hang)

Tip: ›Kleiner Urlaubsberater‹ des Verkehrsamtes Jungholz mit einer einfachen, aber sehr guten Panoramazeichnung des Rundblicks vom Sorgschrofen

Das einst abgelegene Dorf **Jungholz,** eine österreichische Exklave in deutschem Gebiet, hat sich in den letzten Jahren zu einem bedeutenden Fremdenort entwickelt.

Die Wanderung beginnt an der **Talstation** der Skilifte. Wir gehen zunächst auf dem Teersträßlein, das vom Rathaus her kommt, weiter. Schon nach wenigen Schritten weist uns ein Schild nach rechts auf einen Wiesenweg, der praktisch immer parallel zum großen **Schlepplift** nach oben führt. Zugegeben, ein Wanderweg, der sich durch Wiese und Wald nach oben schlängelt, wäre schöner als dieser schnurgerade Aufstieg am Rande der Skipiste. Aber was da links und rechts blüht, entschädigt vollkommen für die etwas langweilige Wegführung. Seidelbast und Aurikel stehen am Weg, Behaarte Alpenrose oder Kugelblume. Sogar im späten Herbst, nach dem ersten Schneefall, kann man noch den Deutschen Enzian im Rauhreif entdecken.

Vor dem letzten Steilstück finden wir einen **Wegweiser** nach Langenschwand (0.45 Std.), wohin wir später zurückwandern werden. Damit es nicht zu anstrengend wird, gehen wir jetzt nicht mehr weiter den Steigspuren über die Wiese nach, sondern folgen dem Ziehweg nach rechts, der in kurzem Bogen zur **Bergstation des Liftes** führt.

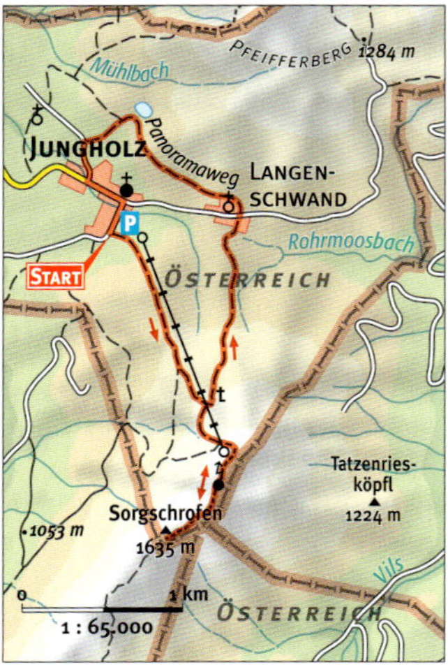

Von hier aus geht es geradewegs auf die **Antenne** zu, die oben an der Hangkante sichtbar ist (1.15 Std.). Hier bekommen wir schon einen kleinen Vorgeschmack auf die herrliche Aussicht vom Sorgschrofen. Wenn man Glück hat, kann es durchaus geschehen, daß man hier ein ganzes Rudel Gemsen beim Äsen stört. Ganz langsam, wohl wissend, daß man ihnen unmöglich folgen kann, verschwinden sie dann über den steilen Südhang.

Wir steigen das kleine Weglein an der Hangkante entlang bis zu der zweiten **Antenne** (1.30 Std.). Ein schmaler Steig führt unter den ersten Felszacken des Sorgschrofens vorbei, läßt uns über ein paar Felsbuckel krabbeln und zieht in das steile Nordkar des Sorgschrofens. Dort gehen wir im Zickzack steil bergauf und achten dabei sorgfältig darauf, daß wir keinen der losen Steine abtreten. Die letzten paar Meter führen mit leichter Kletterei zum Gipfel des **Sorgschrofens** (2 Std.). Quirlige Kinder gehören auf diesem Wegstück unbedingt gesichert!

Achtung: Wer nicht trittsicher ist oder Schwierigkeiten hat, steil in die Tiefe zu schauen, bewundert die Aussicht von der Hangkante aus und beginnt dann gleich den Abstieg.

Der Gipfelkamm des Sorgschrofens steht relativ isoliert. Das erlaubt eine prächtige Rundumsicht, die man einem Berg mit nur 1635 m Höhe gar nicht zutrauen würde. Ziemlich genau im Nordosten finden wir den Edelsberg und die Alpspitz (Tour 6), daran schließen die Füssener Berge an. Breitenberg und Aggenstein (Tour 5) stehen fast gegenüber, es folgen die Kletterberge des Tannheimer Tales. Der Einstein liegt fast genau im Süden, er ragt wirklich wie ein einziger Stein aus dem Wald. Dann folgen die Lechtaler und die Allgäuer Berge, der Hohe Ifen mit seinem Sägezahn ist nicht zu übersehen. Der Grünten (Tour 12) beendet schließlich die Bergprozession.

Zurück gehen wir, dem Aufstiegsweg folgend, zur Hangkante, an den

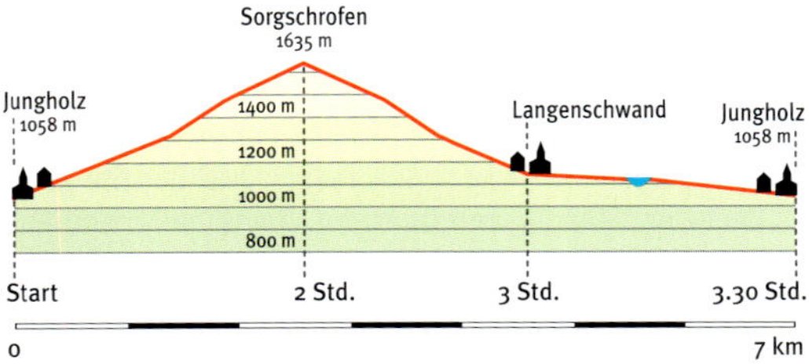

Frühjahrsnebel und letzte Schneereste: Blick vom Gipfelkamm des Sorgschrofens nach Osten auf Westerkienberg, Kienberg und Breitenberg

beiden Antennen und der **Bergstation** vorbei, bis zum **Wegweiser** nach Langenschwand unter dem letzten steilen Liftstück.

Hier wenden wir uns nach rechts und folgen dem schmalen Trampelpfad schräg abwärts, erreichen einen weiteren Schlepplift und gehen die Lifttrasse nach unten, bis rechts ein Bauernsträßlein auftaucht. Dieses benutzen wir und sind auf diese Weise bald in **Langenschwand** (3 Std.). Dort können wir uns in einem der Gasthäuser eine gute Brotzeit genehmigen oder einen Blick in das kleine, den hll. Petrus und Paulus geweihte Kirchlein werfen, das 1902 an Stelle einer alten Kapelle von den Langenschwandnern erbaut wurde.

Wir gehen zum **Panoramaweg** hinauf, der über dem Gasthof Waldhorn in Richtung Jungholz führt. Er macht seinem Namen Ehre und bietet nochmals einen guten Überblick über das ganze Tal. Dem fast ebenen Weg folgen wir weiter bis zu einem kleinen Weiher, wo sich der Blick weit in die Oberstdorfer Alpen öffnet. Ein schmaler Steig führt uns den Bach entlang wieder zurück nach **Jungholz** (3.30 Std.).

Über einen schmalen Berggrat

Von Oberjoch auf den Iseler

Wie ein breiter Riegel erhebt sich der Iseler über Oberjoch. Wenn er auch keinen markanten Gipfel hat, so bietet doch sein langgezogener Kamm die Möglichkeit zu einer schönen Gratwanderung mit atemberaubender Sicht in die Ferne und in die Tiefe.

DIE WANDERUNG IN KÜRZE

++ Anspruch

3 Std. Gehzeit

750 m Abstieg

Charakter: mittelschwere Halbtagestour auf guten Wanderwegen; Schwindelfreiheit erforderlich

Wanderkarte: Umgebungskarte 1:50 000 Allgäuer Alpen

Einkehrmöglichkeiten: keine

Anfahrt: Busverbindungen von Sonthofen über Hindelang und von Nesselwang über Wertach nach Oberjoch; von der Bushaltestelle zu Fuß bergauf zur Talstation des Iselerlifts; mit dem **Auto** von Wertach auf der B 310 Richtung Hindelang, kurz vor Oberjoch links ab auf die B 308 Richtung Tannheim; von Sonthofen und Hindelang über die B 308 bis hinter Oberjoch; Parkplatz P 2 ca. 300 m hinter der Kreuzung von B 308 und B 310 auf der linken Seite; vom Parkplatz zu Fuß bergauf zur Talstation des Iselerlifts (15 Min.)

Achtung: Auf keinen Fall bei Gewitterneigung gehen!

Ausgangspunkt unserer Wanderung ist der Iselerlift in **Oberjoch,** der für uns den ersten Anstieg bewältigt und uns in einer Viertelstunde auf 1640 m Höhe bringt. Von der **Bergstation** steigen wir in steilem Zickzack zum Gipfel des **Iseler** (30 Min.). Eine einsame Wanderung ist es bis hierher wirklich nicht. Viel zu viele möchten die schöne Gipfelsicht ge-

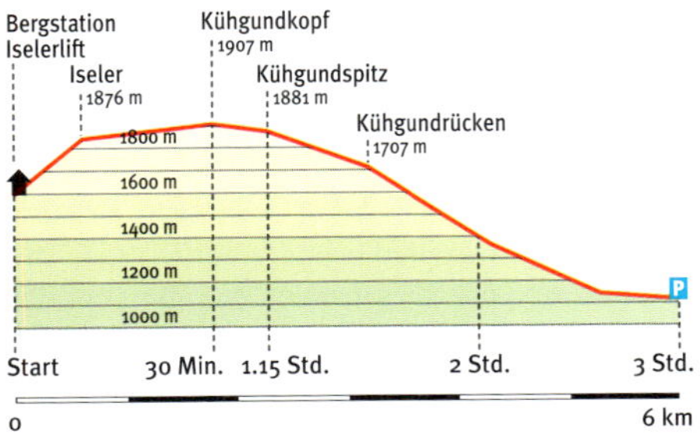

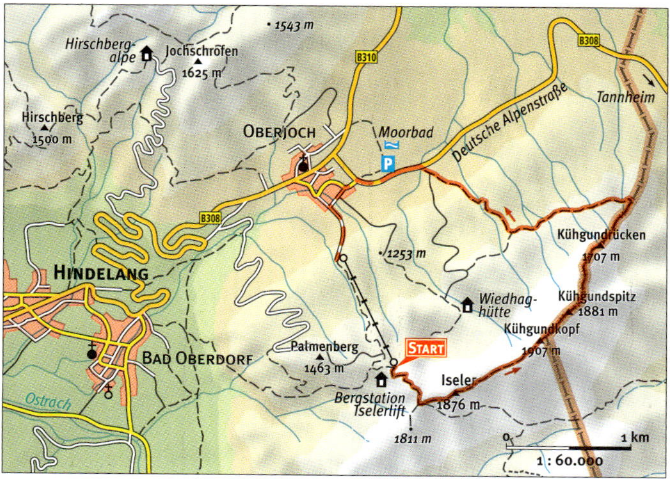

nießen. Aber die Geister scheiden sich sehr schnell. Die allermeisten marschieren wieder zum Lift zurück, andere gehen weiter nach Süden und steigen nach Hinterstein ab.

Wir wählen den wenig begangenen Gratweg Richtung Kühgund. Nach einer Dreiviertelstunde haben wir den **Kühgundkopf** erreicht (1.15 Std.) und können die Umgebung inspizieren. Im Osten liegt tief unter uns das Tannheimer Tal mit dem Haldensee, links der markante Einstein vor dem Aggenstein (Tour 5). Direkt im Süden erheben sich die Berge um den Mindelheimer Klettersteig, der Ponten und der Bschießer. Weiter rechts ist im Hintergrund die Nebelhorngruppe zu sehen, vom unverwechselbaren Hochvogel überragt. Über dem Ostrachtal und Hindelang ragt die Nagelfluhkette (Tour 26 und 28) auf, und im Norden begrenzt der Grünten (Tour 12) die Sicht. Bei ganz klarem Wetter soll man von hier aus sogar den Münchner Fernsehturm sehen können.

Von nun an geht es fast nur mehr abwärts, zuerst flach über die **Kühgundspitz** zum **Kühgundrücken,** den nochmals ein Kreuz ziert. Wir folgen hier immer der bayerisch-österreichischen Grenze. Dann wird der Weg steiler, senkt sich zu einer nassen Wiese, wo er sich nach links fast in Gegenrichtung wendet (2 Std.).

Wir marschieren unterhalb einer Felsgruppe bis zum Ende eines Schleppliftes und gehen weiter, bis wir eine Skiabfahrt kreuzen. Wir folgen dem Wegweiser abwärts Richtung Oberjoch (nicht ›Wiedhaghütte –Oberjoch‹) und gehen am Waldrand entlang direkt auf den gut sichtbaren Campingplatz zu.

An einer Gruppe von Büschen und Bäumen wendet sich der Weg nach links, wir durchqueren ein kleines, fast trockenes Bachbett und gehen am jenseitigen Ufer des Baches weiter nach unten. Vorsicht, die Stelle ist leicht zu übersehen, denn ein breiterer Weg führt geradeaus weiter! Wir kommen bei der Talstation des **Wiedhagliftes** heraus und sind nach wenigen Schritten zurück am **Parkplatz** (3 Std.).

Zum Hausberg der Hindelanger

Von Hindelang auf den Hirschberg

Der Hirschberg hat eine sehr steile Südflanke, die fast bis zum Talboden beinahe senkrecht abfällt. Ihr ist die wunderbare Aussicht vom Gipfel in das Ostrachtal zu verdanken. Unser Weg zum Gipfel ist zwar nicht der kürzeste, aber dafür hat er einiges zu bieten.

DIE WANDERUNG IN KÜRZE

++
Anspruch

5 Std.
Gehzeit

700 m
An-/Abstieg

Charakter: relativ einfache Ganztageswanderung, größtenteils über Alpsträßchen und Wanderwege, am Gipfel nur schmaler Steig; zwei Abstiegsmöglichkeiten mit unterschiedlichem Schwierigkeitsgrad; im Hirschbachtobel Trittsicherheit erforderlich

Wanderkarte: Umgebungskarte 1:50 000 Allgäuer Alpen

Einkehrmöglichkeiten: Gasthäuser in Hindelang, Hirschbergalpe

Anfahrt: gute **Busverbindungen** von Sonthofen und Wertach nach Hindelang; mit dem **Auto** von Sonthofen über die B 308 nach Hindelang, beste Parkmöglichkeit auf dem großen Parkplatz an der Deutschen Alpenstraße

Ausgangspunkt unserer Wanderung ist die Hauptstraße von **Hindelang.** Wir marschieren zunächst Richtung Gailenberg aus dem Ort hinaus. Wenn sich die Straße scharf nach links wendet, folgen wir dem Fußweg rechts bachaufwärts.

Erst jetzt finden wir einen Wegweiser zum Hirschberg. Diesen Weg nehmen wir aber nicht, sondern wandern weiter Richtung Gailenberg. Über eine Wiese führt uns der Steig in Richtung Straße zurück, von der eine Alpstraße abzweigt. Wo unser Weg auf die **Alpstraße** trifft, steht wieder ein Wegweiser (15 Min.).

Diesmal folgen wir der Angabe ›Hirschberg‹ und wandern die Alpstraße bergauf. Die breite, aber ungeteerte Straße führt uns in langen Serpentinen durch Wald und Weidewiesen sicher aufwärts. Sie ist für

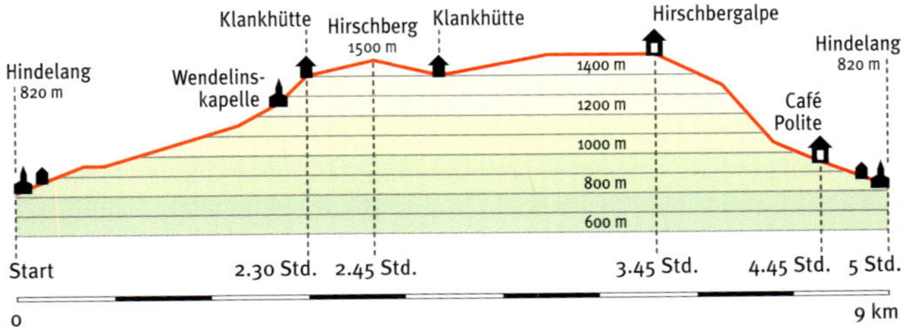

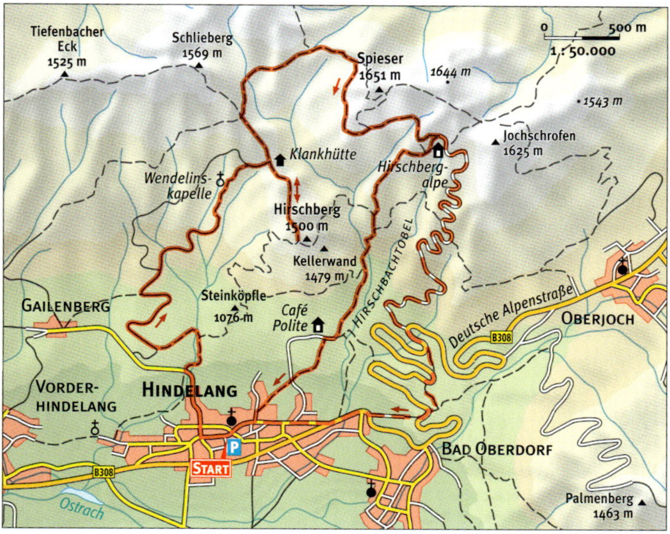

den öffentlichen Verkehr gesperrt, so daß man höchstens einmal einem Traktor ausweichen muß. Besonders im Frühsommer, ehe das Vieh auf die Alpweiden getrieben wird, können wir links und rechts des Weges eine Blumenpracht bewundern, die man im Tal inzwischen vergebens sucht.

Wir kommen an einem Brunnen und an einer dem Bauernheiligen Wendelin geweihten **Kapelle** vorbei. Noch ein kleines Stück, und wir sind an der unbewirtschafteten **Klankhütte** (2.30 Std.).

Ein Fußsteig führt uns nun direkt auf den Gipfel des **Hirschbergs** (2.45 Std.). Das Gipfelkreuz haben die Hindelanger nicht an die höchste Stelle des Berges gestellt, sondern etwas tiefer, genau an die Hangkante. Damit ist es vom Ort aus gut zu sehen. Der Gipfel ist ein beliebter Startplatz für Paraglider. Man kann beobachten, wie sie der Aufwind packt und sie in ein paar Minuten so hoch über dem Gipfel stehen, daß man sie mit bloßem Auge kaum noch sehen kann.

Für den Rückweg könnte man einen der Direktabstiege wählen und in einer Stunde wieder den Ort erreichen. Wir aber gehen gemütlich zur **Klankhütte** zurück und folgen den Wegweisern zum Spieser. Das ist der Grasberg, der so markant nordöstlich vom Hirschberg steht. Keine Sorge, Sie brauchen nicht einen zweiten Gipfelanstieg zu befürchten, der Weg führt bequem um den Berg herum.

Zunächst kommen wir an ein **Hochmoor,** auf dem ein paar uralte **Heuhütten** stehen (3 Std.). Diese von ein paar Bächen durchzogene Mulde ist ein Paradies für sich. Der schillernde Ölfilm, der an ein paar Stellen auf dem nassen Boden zu sehen ist, deutet nicht auf einen unachtsamen Umweltschädiger hin. Er stammt aus einer Ölschieferformation, die hier an einigen Stellen zutage tritt.

Nach einer weiteren guten halben Stunde kommen wir am Bergkreuz der **Hirschbergalpe** vorbei (3.45 Std.). Ein paar Schritte noch, dann haben wir die Hütte erreicht und können uns an den köstlichen Dingen laben, mit denen die Familie Schwarz ›ihre‹ Wanderer versorgt: Radlermaß, Hirschsalamibrot oder auch Kaiserschmarrn in alter Bäuerinnenqualität.

Von der Alpe gehen wir ein Stück in die Richtung zurück, aus der wir gekommen sind, nehmen aber den unteren Weg, der nicht am Kreuz vorbeiführt. Auf dem ersten Grasrücken, der sich vom Tal heraufzieht, führen deutlich sichtbare Trittspuren nach unten. Diesen folgen wir und kommen auf einen schmalen, steinigen, aber gut ausgebauten Weg. Er führt uns in eine Urlandschaft, deren unberührte Wildheit man an dem sonst so harmlosen Hirschberg nicht vermuten würde.

Wir steigen an einer fast senkrechten Stein-/Graswand in steilem Zickzack nach unten. Ein Drahtseil gibt überall dort Halt, wo es zu gefährlich erscheint. An der Gegenwand stürzt über eine Höhe von 150 m ein Wasserfall sprühend in die Tiefe. Die Schlucht wird flacher, und schließlich erreichen wir den Grund des **Hirschbachtobels** (4.30 Std.), der nun hinaus ins Tal führt.

Wir gehen dem Wegweiser zum **Café Polite** nach (4.45 Std.) und erreichen nach einer weiteren Viertelstunde wieder **Hindelang** (5 Std.).

Variante: Wer nicht absolut schwindelfrei ist, geht von der Hirschbergalpe über die geteerte Alpstraße, die in steilen Serpentinen abwärts führt und etwas unterhalb des Oberjochs in die Deutsche Alpenstraße mündet. Hier zweigt der alte, unbefestigte Weideweg ab, der zwischen den Serpentinen der Straße ebenfalls nach Hindelang führt.

Auf dem Hochmoor am Spieser

Zur königlichen Alpe

Von Hindelang aufs Imberger Horn und ins Rettenschwanger Tal
Das Imberger Horn ist der nördlichste Pfeiler der Berggruppe um Nebelhorn und Daumen. Durch die Lage unmittelbar am Ostrachtal hat man auf seinem Gipfel eine bessere Aussicht als von seinen südlich gelegenen, höheren Nachbarn Breitenberg oder Rotspitz.

DIE WANDERUNG IN KÜRZE

++
Anspruch

3.30 Std.
Gehzeit

850 m
Abstieg

Charakter: relativ einfache Halbtageswanderung; größtenteils gute Wanderwege, Rückweg über eine Alpstraße; am Gipfelkamm etwas Vorsicht geboten

Wanderkarte: Umgebungskarte 1:50 000 Allgäuer Alpen

Einkehrmöglichkeiten: Alpe Mitterhaus, Café Horn

Anfahrt: gute **Busverbindungen** von Sonthofen und Wertach nach Hindelang; vom Busbahnhof zu Fuß über einen Wiesenweg zur Talstation des Imberglifts; mit dem **Auto** von Sonthofen über die B 308 nach Hindelang; vor dem Ortseingang rechts ab zum Imberglift (dort ausreichend Parkplätze)

Bademöglichkeit: beheiztes Freibad in Hindelang, nahe der Talstation des Imberglifts

Der Imberglift in **Hindelang** bringt uns in einer Viertelstunde zur **Bergstation.**

Von dort führt der Weg zuerst westlich um den Berg und zieht sich dann in steilen Serpentinen über den Nordhang auf den Gipfel des **Imberger Horns** (1 Std.). Im Süden entfaltet sich das Panorama der Berge um Oberstdorf: vorne, unglaublich steil, der Breitenberg und die Rotspitz, dahinter die Bergkette von den beiden Daumengipfeln bis zum Nebelhorn. Im Norden, direkt gegenüber, schauen der Hirschberg (Tour 10) und der Spieser zu uns herüber, wie immer ist der Grünten (Tour 12) nicht zu übersehen.

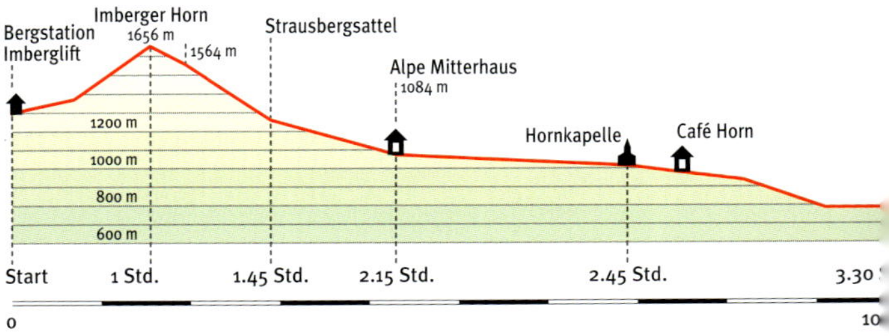

Am Gipfel herrscht vor allem zu Ferienzeiten recht reger Betrieb. Deshalb machen wir uns quasi durch die Hintertür davon: Kurz unterhalb des Gipfels steht ein Schild mit der Aufschrift ›Strausberg–Mitterhaus‹. Diesem folgen wir, kommen schließlich etwas weiter unten zu einem zweiten **Gipfelkreuz** und steigen dann in engen Serpentinen abwärts, bis wir nach etwa einer Dreiviertelstunde am **Strausbergsattel** (1.45 Std.) ankommen.

Dieser Weg ist relativ wenig begangen, weil er in den Karten des Fremdenverkehrsamtes nicht eingetragen ist. Überdies bietet er eine herrliche Aussicht vor allem nach Süden. Allerdings muß man manchmal über umgestürzte Bäume klettern, was aber, wenn man von oben her kommt, nicht allzuviel Anstrengung erfordert.

Vom Sattel aus gehen wir nach links in das Rettenschwanger Tal hinab. Ein bequemer Weg führt am Hang entlang taleinwärts. An uralten Ahornbäumen vorbei, kommen wir schließlich in einer halben Stunde zur geschichtsträchtigen **Alpe Mitterhaus** (2.15 Std.). Diese Alpe, noch immer im Besitz der Wittelsbacher, ist heute eine moderne Bergsennerei. Sie hat eine wechselvolle Geschichte hinter sich. Von 1575 bis 1648 war sie ein Stutenhof der Fugger, dann ging sie in bischöflich-augsburgischen Besitz über. Im Verlauf der Säkularisation übernahm sie im Jahr 1803 der bayerische Staat, und 1909 schließlich erwarb sie Prinz Konrad von Bayern. Blau und absolut klar fließt die Bsonderach an der Alpe vorbei.

Nun folgt ein Marsch auf einer geteerten Alpstraße. Wir kommen an der versteckten **Hornkapelle** (2.45 Std.) vorbei und etwas weiter unten

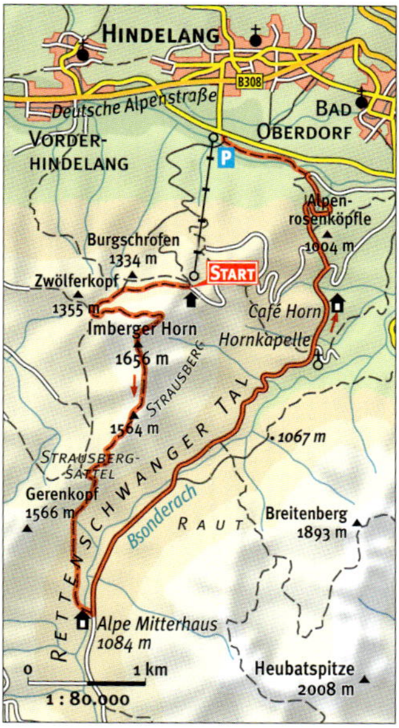

am **Café Horn,** wo wir noch einmal einkehren können.

Etwa 45 Min. nach der Alpe zweigt, kurz vor einer scharfen Rechtskurve der Straße, links ein Weg nach Hindelang ab (3 Std.). Er steigt ein paar Meter an, überquert einen Bach und trifft auf eine schmalere Alpstraße. Wir folgen ihr bergab, bis sie sich in einer Serpentine fast in die Gegenrichtung wendet. Dort führt unser Weg geradeaus weiter. Nach einem Steilstück treffen wir unten an der Ostrach nochmals auf die Alpstraße, wenden uns aber sofort nach links und wandern, am Bach entlang, zur **Talstation des Imberglifts** (3.30 Std.) zurück.

Tour 12

Zum ›Wächter des Allgäus‹

Von Burgberg über das Burgberger Hörnle auf den Grünten

Bei klarem Wetter ist der Grünten nicht nur vom ganzen Allgäu aus zu sehen, sondern auch von Oberbayern und sogar vom Schwarzwald. Seine Lage, der er den Beinamen ›Wächter des Allgäus‹ verdankt, macht ihn zu einem beliebten Ausflugsberg.

DIE WANDERUNG IN KÜRZE

++ Anspruch

6 Std. Gehzeit

1000 m An-/Abstieg

Charakter: einfache, aber lange Ganztageswanderung; steiler Anstieg durch den Wald, dann größtenteils über Alpwiesen, Rückweg teilweise über eine Teerstraße; am Burgberger Hörnle etwas ausgesetzt (Ungeübte können diesen Gipfel auslassen)

Wanderkarten: Umgebungskarte 1:50 000 Kempten und Umgebung oder Allgäuer Alpen

Einkehrmöglichkeiten: Grüntenhaus, Obere Schwandalpe, Gasthof Alpenblick

Anfahrt: gute **Busverbindungen** von Sonthofen und Immenstadt nach Burgberg; von der Haltestelle zu Fuß durch die Grüntenstraße bergauf zu den Sporthallen; mit dem **Auto** von Immenstadt auf der B 19/B 308 Richtung Sonthofen bis zum Abzweig nach Burgberg, von der Kirche durch die Grüntenstraße zu den Sporthallen (nicht dem Schild ›Grünten-Wanderparkplatz‹ folgen!), dort ausreichende Parkmöglichkeit

Ausgangspunkt unserer Wanderung ist **Burgberg,** nördlich von Sonthofen. An den **Sporthallen** beginnt der alte Hirtenweg, der in die Täler südlich des Grünten führt. Diesen wollen wir zunächst benutzen, um damit die Teerstraße weitgehend zu meiden.

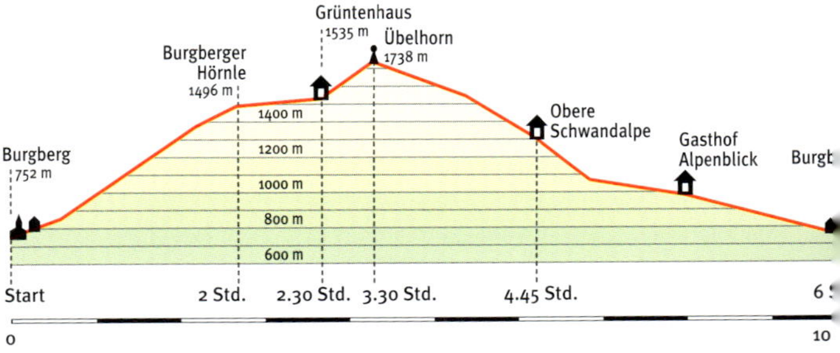

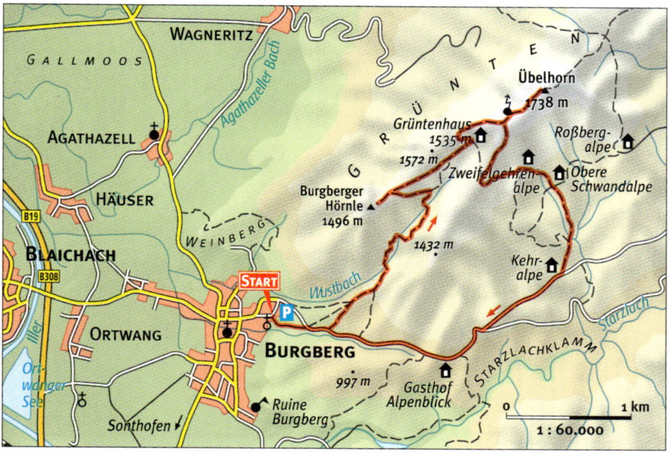

Hinter den letzten Häusern steht eine kleine **Kapelle** zwischen Eichen. Am Altar ist ein ›Herrgott in der Rast‹ aufgestellt, eine vor allem im Barock beliebte Darstellung des gegeißelten Christus. Lange war es Tradition, daß Hirten, Holzfäller und Bergknappen auf dem Weg zu ihrer gefährlichen Arbeit hier kurz zu einem Gebet um gute Wiederkehr verweilten. Ein Votivbild erinnert an zwei tödliche Unfälle.

Wir wandern den Bergweg nach oben. Zwei alte Klaubsteinmauern, die schon völlig überwuchert sind, begrenzen ihn links und rechts. Nach etwa 10 Min. kommen wir an die Fahrstraße, die die Alpen im Starzlachtal erschließt. Wir brauchen uns nicht lange über die vielen Autos zu ärgern, die auf ihr fahren: Schon 200 m weiter biegen wir links in den **›Alten Grüntenweg‹** ab. Er ist am Anfang in etwas schlechtem Zustand, aber nirgends zu verfehlen. Ein Holzsteg quert einen Bach, dann stoßen wir auf einen zweiten Weg, der ebenfalls von Burgberg heraufführt (30 Min.). Wir steigen auf dem nun sehr gut gebauten Weg, an einer Schonung vorbei, nach oben. Im Hochwald treffen wir dann auf den Hauptweg, der von der Teerstraße weiter oben abzweigt.

An dieser Stelle eine Bitte: Geben Sie dem Waldboden die Chance, sich zu erholen, bleiben Sie auf dem Weg! Der Wanderweg ist nicht zu steil geführt, natürlich ließen sich beim Gehen viele der Serpentinen ohne Schwierigkeiten abkürzen. Sehen Sie sich selbst an, wozu diese Abschneider führen. Über weite Strecken ist der Boden zerstört, kahl, zum Teil vom Wasser tief aufgerissen. Wenn nur ein Jahr lang alle auf dem Weg blieben, dann könnte sich der Boden erholen, nach zwei Jahren würde man kaum mehr etwas von den Verletzungen sehen, die man ihm zugefügt hat.

Um den Wustbach, der uns schon die ganze Zeit begleitet, zu überqueren, müssen wir ein paar Meter absteigen. Ein Hochwasser hat den Weg oben weggerissen. Nach etwa eineinhalb Stunden Aufstieg kommen wir an ein **Gatter,** wo uns ein Schild in Richtung Burgberger Hörnle weist. Diesen kleinen Steig mar-

Blick vom Burgberger Hörnle über das Illertal auf die Berge um Oberstdorf

schieren wir entlang. Spätestens hier wird es sehr ruhig. Wir kommen in einer guten Viertelstunde auf eine offene Wiese oben am **Kamm** und gehen weiter nach Westen bis zu einem niedrigen Wald (1.50 Std.).

Hier beginnt der drahtseilgesicherte Steig, der in höchstens 10 Min. zum Gipfel des **Burgberger Hörnles** (2 Std.) führt. Weit zum Illertal hinaus vorgeschoben, fällt die Westflanke so steil zum Tal hin ab, daß man das Gefühl hat, auf einer ausgesetzten Kanzel zu sitzen. Unser Blick gleitet von der Hornbachkette im Südosten über die ganzen Allgäuer Hochalpen zum Hohen Ifen (Tour 20) und zu den Gottesackerwänden, darüber glänzen die Vorarlberger Alpen. Uns gegenüber liegen die Nagelfluhberge (Tour 26 und 28), ganz im Hintergrund leuchtet der Säntis auf. Tief unter uns schlängeln sich die Straßen durch das Illertal, glänzen die Städte Immenstadt und Sonthofen.

Vom Gipfel aus klettern wir zunächst auf die Wiese zurück. Wir gehen über die Wiese leicht bergauf. Wo die Bäume enger zusammenrücken, beginnt rechts ein breiterer, aber nicht markierter Weg, der in etwa 10 Min. fast eben zum **Grüntenhaus** (2.30 Std.) führt. Es wurde als eines der ersten Stützpunkthäuser in den Allgäuer Alpen schon 1852 vom Begründer der Allgäuer Milchwirtschaft, Carl Hirnbein, erbaut. Heute wird es fast das ganze Jahr hindurch bewirtschaftet. Die Wirtin ist zugleich Hirtin und kümmert sich im Sommer um etwa 30 Stück Vieh, die um die Hütte grasen.

Vom Grüntenhaus gehen wir zunächst weiter auf den Waldrand an der linken Seite des Hanges zu und dort entlang hinauf zu der **Sendestation** des Bayerischen Rundfunks (3 Std.), die das ganze Allgäu versorgt. Früher befanden sich hier die Bergstation einer Kabinenbahn und ein kleines Bergrestaurant. Die Bahn wurde wegen Unrentabilität eingestellt und an den Rundfunk verkauft, der sie jetzt als Privatbahn betreibt, das Restaurant ist geschlossen.

Wir gehen unter der alten Bergstation vorbei und sind in knapp 30 Min. beim **Gebirgsjägerdenkmal** am **Übelhorn** (3.30 Std.), wie dieser höchste Gipfel des Grünten heißt. Die in Sonthofen stationierten Gebirgsjäger haben dieses Denkmal zum Andenken an die Soldaten errichtet, die in den beiden Weltkriegen gefallen sind. Alljährlich am zweiten Sonntag im September findet hier ein großer Berggottesdienst statt. Der schöne Blick nach Westen und Süden, den wir schon am Burgberger Hörnle genießen konnten, weitet sich jetzt nach Osten und Norden. Unser Blick schweift über den Falkenstein (Tour 13) auf die vielen Dörfer und Weiler des hügeligen Alpenvorlandes. Bei Föhn kann man von hier mit einem guten Fernglas sogar das Ulmer Münster erkennen. Weiter östlich, etwa zwischen dem Grüntensee (Tour 7) und der Alpspitz (Tour 6), die sich uns durch ihr felsiges Gipfelriff zu erkennen gibt, ragt der Auerberg (Tour 3) aus den Moränen auf. Der Brandnerschrofen am Tegelberg (Tour 1) neben dem Säuling leitet dann zur Tannheimer Gruppe über.

Für den Rückweg ins Tal gibt es noch ein kleines Schmankerl: Fast alle Wanderer gehen zunächst zum Grüntenhaus zurück. Wir aber laufen nur bis zu den **Sendeanlagen** in der Schlange mit, um dann nach links bis zu dem zweiten Kamm zu gehen, der die Weiden der Grüntenalpe begrenzt. Dort führt ein kleiner Steig zunächst oben am Kamm entlang, dann auf der Südseite abwärts. Wenn Sie leise sind und auch einmal fünf, zehn Minuten stehenbleiben, können Sie vielleicht das Schnarren der Birkhähne hören, die hier oben ein Refugium gefunden haben.

Bei einem gewaltigen **Windbruch** (4 Std.) treffen wir dann wieder auf den Wanderweg, der vom Grüntenhaus abwärts führt. Diesem folgen wir nach unten und können uns auf der **Oberen Schwandalpe** (4.45 Std.) noch eine nachmittägliche Brotzeit genehmigen. Diese Alpe war bis vor kurzem eine der wenigen noch verbliebenen Käsalpen im Allgäu. 250 l Milch fasste der Käskessel, der immer noch über der offenen Feuerstelle hängt.

Von der Alpe aus laufen wir den Wiesenhang geradewegs nach unten. Bei einem kleinen Heuschober fädeln wir uns in den Alpweg ein, auf dem wir in einer halben Stunde die **Straße** erreichen (5.15 Std.). Leider können wir sie nicht vermeiden, wenn wir nicht einen großen Umweg machen wollen. Wir wandern auf ihr abwärts, am **Gasthof Alpenblick** vorbei, und sind in etwa 45 Min. wieder in **Burgberg** (6 Std.).

Ein luftiger Hochsitz

Von Rettenberg auf den Falkenstein und zur Ruine Vorderburg

Die Rettenberger sind selbstbewußt – vor allem, was ihren Hausberg betrifft. Sie lassen die Kartographen beliebig oft ›Falken‹ oder ›Auf dem Falken‹ schreiben. Für sie bleibt er der ›Falkenstein‹, weil er eben immer so geheißen hat.

DIE WANDERUNG IN KÜRZE

++ Anspruch

5 Std. Gehzeit

16 km Länge

Charakter: einfache Ganztageswanderung; am Gipfel wegen des Steilabfalls etwas Vorsicht geboten, für den Gratweg Trittsicherheit erforderlich; gute Wege, teilweise geteert

Wanderkarte: Umgebungskarte 1:50 000 Kempten

Einkehrmöglichkeiten: Gasthof Hirsch in Vorderburg, Gasthöfe in Kranzegg

Anfahrt: Busverbindungen von Immenstadt und Wertach nach Rettenberg; mit dem **Auto** von Sonthofen über Burgberg Richtung Wertach nach Rettenberg; von Immenstadt über die B 19 hinüber Richtung Wertach bis nach Rettenberg; Parkmöglichkeit im Ort oder auf dem Wanderparkplatz am östlichen Ortsausgang

Unser Weg beginnt in **Rettenberg** am Haus des Gastes, neben der Pfarrkirche. Wir überqueren die Hauptstraße und wandern vom Gasthof Engelbräu die Bergstraße durch ein Wohngebiet aufwärts. Aus ihr wird zuerst der Falkensteinweg, später ein Feldweg, der sich schließlich gabelt. Wir halten uns links und folgen dem Wegweiser ›Gebhardshöhe‹. Zunächst geht es an Brombeer- und Holunderhecken entlang und dann über die Wiese zu dem kleinen Aussichtspavillon auf der **Gebhardshöhe** (20 Min.), von wo sich der Blick über das Illertal auf die Oberstdorfer Berge öffnet. Ihren Namen hat diese Wiese von dem ehemaligen Besitzer, Gebhard Kirchbihler, bekommen.

Vom Pavillon gehen wir den Grasweg am Kamm entlang. Wir folgen immer der Kammlinie aufwärts, bis wir zu einem **Viehgatter** kommen (40 Min.). Dort schickt uns ein Wegweiser nach links zum Falkenstein-Gratweg. Vor uns liegen zwei längliche

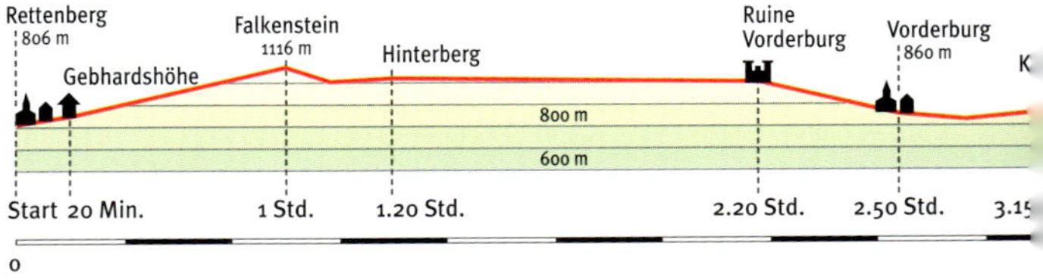

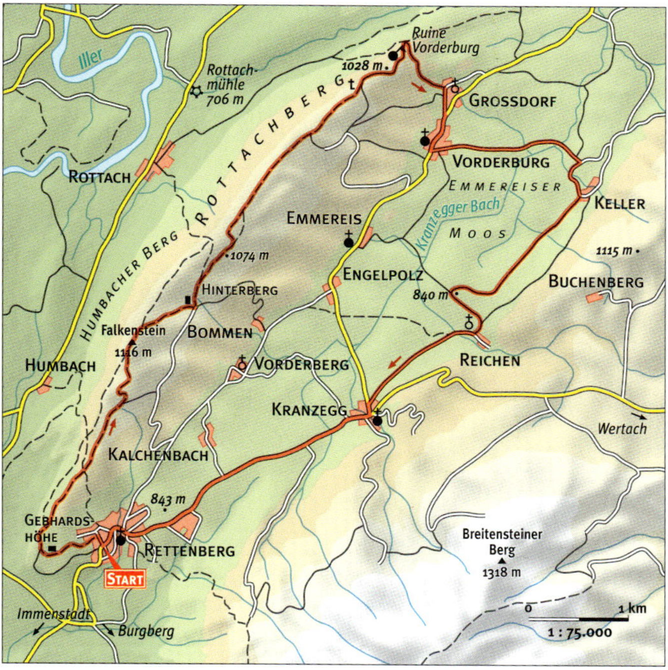

Senken, die durch einen baumbestandenen Wall getrennt sind. Wir steigen durch die linke Senke aufwärts, einige rote Pflöcke und eine verwaschene rote Markierung zeigen uns, daß wir den richtigen Weg erwischt haben.

Wir passieren zwei umgestürzte alte Bäume und kommen durch ein **Klapptor** in den Wald. An einer Nagelfluhwand entlang geht es aufwärts, dann wandern wir an der ausgesetzten Hangkante entlang bis zu einer Bank. Etwa 20 m weiter läßt uns ein Wegweiser zum Falkensteingipfel in ein kleines Hochtal steigen – ein Drahtseil hilft, diese Steilstufe zu überwinden. Jenseits der Senke steht bereits das Gipfelkreuz. Wir durchqueren das Tal und kraxeln zum Gipfel des **Falkensteins** hinauf (1 Std.) – und erleben eine echte Überraschung: Wir stehen vor einem Abgrund. Der Falkenstein fällt nach Norden etwa 400 m steil in das Illertal ab.

Die Aussicht über den Fluß und noch weit darüber hinaus ist wirklich

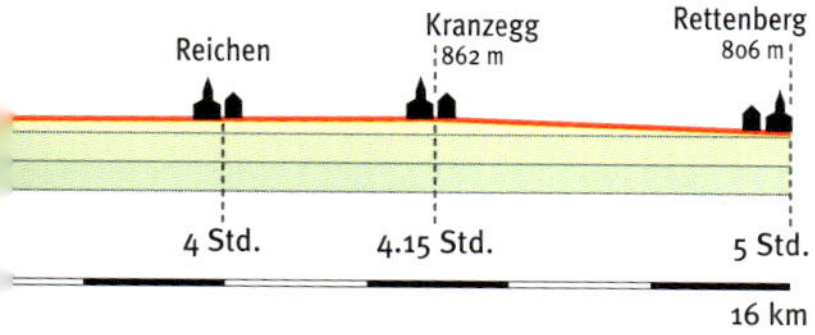

einmalig. Die Allgäuer Vorberge liegen aufgereiht vor uns, links kann man den Pfänder (Tour 35) an seinen Antennenanlagen gut erkennen, und rechts blitzen die Hochhäuser von Kempten herüber. Mit dem Fernglas finden wir sogar die Kronburg bei Memmingen. Unter uns liegt bestes Allgäuer Bauernland, kleine Dörfer und Weiler, jeder Ort mit einem eigenen, unverwechselbaren Gesicht.

Nach der Gipfelrast wandern wir am Grat entlang weiter Richtung Vorderburg/Kranzegg. Die Wegweiser führen uns über eine Almwiese mit breitem Almweg. An einem Weiher und an einem Stall vorbei, erreichen wir nach einer Viertelstunde den Einödhof **Hinterberg** (1.20 Std.). Wir gehen gegen den Uhrzeigersinn um den Hof herum und wandern zuerst eben, dann leicht ansteigend über Wiesen bis zu einer Baumgruppe. Dort halten wir uns rechts und erreichen durch eine Latschenschonung einen schönen Rastplatz unter zwei alten **Wetterfichten**. Ein Wegweiser nach Vorderburg schickt uns über die Wiesen, auf denen im späten Sommer Erika, Johanniskraut und Glockenblumen blühen.

Wir durchqueren eine Baumreihe, gehen nochmals über einen Wiesenhang und kommen dann links abwärts durch eine hochgeschossene Schonung in den Hochwald und zu einer weiteren Aufforstung. Dort wendet sich der Weg nach links, führt zuerst über eine Wiese und dann auf einen Feldweg. Bei den **Berberitzen** geht es rechts durch einen Weideschlupf bis zu einem **Kreuz** mit Muttergottes. Von dort folgen wir immer mehr oder weniger dicht dem Waldrand. Nach einer Bank steigen wir ein paar Meter abwärts, halten uns beim folgenden Weideschlupf leicht links und nehmen beim nächsten Durchschlupf den linken, oberen Pfad zur **Friedenslinde,** die an das Kriegsende 1871 erinnert (2.20 Std.).

Blick vom Agathazeller Moos auf Rettenberg und den Falkenstein

Unmittelbar daneben stehen die Reste der alten Burg Rettenberg, die heute als **Ruine Vorderburg** in den Landkarten zu finden ist. Die Freiherren von Rettenberg hatten sie um 1100 erbaut, sie bestand hauptsächlich aus einem Turmbau mit einer Grundfläche von 30 x 30 m, der etwa 28 m hoch war. Die bis zu 2 m dicken Mauern sollten Schutz vor Feinden bieten. Doch die Burg wurde nie belagert, sondern fiel 1562 einem in der Küche ausgebrochenen Brand zum Opfer.

Der Weiterweg zum Ort Vorderburg beginnt bei der Ruine. Wir gehen in Fallinie den Hang abwärts, unten findet sich ein unmarkierter Wiesenweg, der sich leicht nach rechts wendet. Ein Wegweiser nach Vorderburg führt uns nach links abwärts. Wir durchqueren eine mit Farn bewachsene Steinmauer und gehen danach zuerst auf die zwei Bäume mitten in der Wiese zu. Anschließend orientieren wir uns an dem **Stall,** der etwas oberhalb rechts am Hang steht. Hinter dem Stall beginnt ein Alpweg, der uns ins Dorf **Vorderburg** (2.50 Min.) führt.

Auf der Dorfstraße wenden wir uns nach rechts und können im Gasthof Hirsch, gegenüber der Kirche, Rast machen. Dort beginnt auch unser Rückweg nach Rettenberg. Wir wandern auf der wenig befahrenen Teerstraße über den kultivierten Talboden des Kranzegger Baches Richtung Keller. Vergessen Sie nicht, sich einmal umzuschauen, Vorderburg liegt mit seinem spitzen Kirchturm malerisch unter den Hängen des Falkensteins, die wir eben entlanggewandert sind.

Wir kommen nach der Brücke über den **Kranzegger Bach** zu einem Wege-T, halten uns rechts und gehen in einer großen Linkskurve aufwärts. Bei den Häusern des Ortes **Keller** (3.15 Std.), wo die Fahrstraße eine zweite Linkskurve macht, biegen wir rechts in den Feldweg Richtung Kranzegg ein.

Jetzt wandern wir ein langes Stück geradeaus über die Felder, rechts unter uns liegt das Emmereiser Moos, der letzte Überrest des einst versumpften Talbodens. Über eine kleine Wegschleife erreichen wir den Weiler **Reichen** (4 Std.). Vor dem ersten Haus geht es rechts zu einer Teerstraße, über die wir schnell **Kranzegg** (4.15 Std.) mit seiner schönen Kapelle aus der Barockzeit erreichen.

Der Weiterweg ist sehr einfach. Wir wandern auf dem Gehweg die Hauptstraße entlang und erreichen in einer knappen Dreiviertelstunde wieder unseren Ausgangspunkt **Rettenberg** (5 Std.).

Wilde Tobel, sanfte Gipfel

Von Schöllang auf den Schnippenkopf

Mit etwas Phantasie kann man sich vorstellen, daß die Form des Schnippenkopfes einem Schnabel gleicht. Daher kommt auch sein Name, denn das Wort *schnippun* bedeutet im Mittelhochdeutschen ›schnabelförmig‹.

DIE WANDERUNG IN KÜRZE

++
Anspruch

5.30 Std.
Gehzeit

1000 m
An-/Abstieg

Charakter: einfache Ganztageswanderung ohne Schwierigkeiten oder ausgesetzte Stellen; Weg im Eybachtobel und im Gaisalptobel nach Regen etwas rutschig

Wanderkarte: Umgebungskarte 1:50 000 Allgäuer Alpen

Einkehrmöglichkeit: Gaisalpe

Anfahrt: Busverbindungen von Oberstdorf und Sonthofen nach Schöllang, von der Haltestelle an der Kirche zu Fuß zum Wanderparkplatz an der Umgehungsstraße; mit dem **Auto** von Sonthofen rechts der Iller Richtung Oberstdorf, über Altstädten nach Schöllang; Wanderparkplatz an der Ortsumgehung, direkt am Eybach

Bademöglichkeiten: Gumpen im Gaisalptobel, Moorschwimmbad zwischen Reichenbach und Schöllang

Wir gehen vom **Parkplatz** an der Umgehungsstraße von **Schöllang** weg und wandern an den Holzvorräten der Schöllanger vorbei den Eybach aufwärts bis zu einer **Brücke.** Wer trittsicher genug ist, geht hier weiter den Bach entlang.

Der Weg am **Eybach** ist durch kleinere Erdrutsche vom Hang her recht bucklig geworden, er führt jedoch rasch und sicher zu einem kleinen Talschluß. Wir überqueren den Bach auf einer weiteren **Brücke,** dann schlängelt sich der Weg am anderen

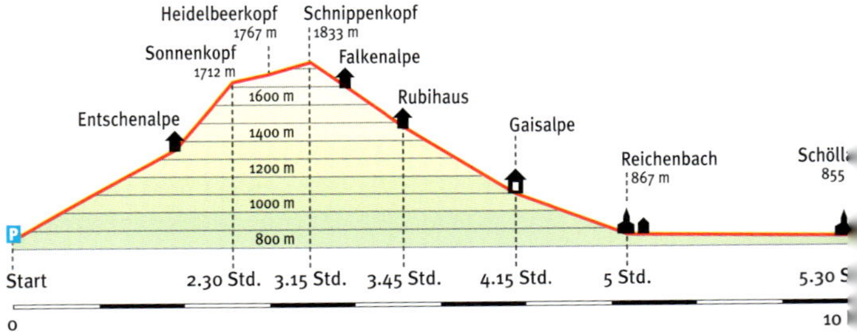

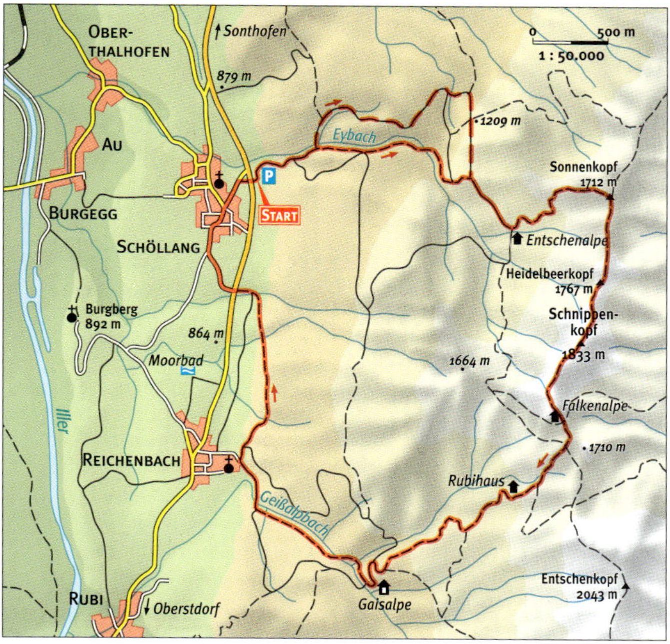

Ufer im Wald steil nach oben. Unter uns stürzt der Eybach durch den Tobel. Vor allem zur Zeit der Schneeschmelze bietet der Wasserlauf ein grandioses Schauspiel (1 Std.).

Variante: Wer sich auf steilen Waldhängen unsicher fühlt, sollte diesen Weg meiden. Auch bei Regen oder gar Gewitter ist er nicht empfehlenswert. Da stürzt das Wasser von allen Seiten auf den Weg und in den Bach, und man weiß nie genau, ob nicht einige Kubikmeter Geröll und Schlamm als Mure mitkommen. In diesem Fall nimmt man die kaum befahrene Alpstraße, die bei der ersten Brücke links in mehreren Serpentinen hinaufführt.

Oberhalb des Tobels überqueren wir einen Holzabfuhrweg, an dem uns ein Wegweiser wieder nach oben in den Wald schickt. Unser Steig mündet schließlich in die **Alpstraße,** von der wir vorher abgezweigt sind (1.30 Std.). An einem Heuschober vorbei gehen wir auf die **Entschenalpe** zu, doch kurz zuvor finden wir ein Wegzeichen, das uns den Weg durch Wald und Wiese aufwärts weist.

An einem abgestorbenen Baumriesen vorbei, sind wir in einer halben Stunde auf einem **Bergrücken** (2 Std.), dem wir weiter aufwärts folgen. Oben am Kamm angelangt, wenden wir uns nach Süden und haben schon wenig später unser erstes Ziel, den **Sonnenkopf** (2.30 Std.) erreicht. Dieser Gipfel gab der ganzen Bergkette den Namen, in Karten oder in der Literatur wird sie deshalb oft als ›Sonnenköpfe‹ bezeichnet.

Nach einer kurzen Rast am Gipfelkreuz packen wir den zweiten Gipfel, den **Heidelbeerkopf** (2.45 Std.), an.

Der gut beschilderte Weg, der eigentlich bloß eine Viertelstunde dauert, kann im späten Sommer, wenn die vielen Beeren am Hang locken, erheblich länger werden! Zum nächsten Gipfel ist es ein Stück weiter. Länger als eine halbe Stunde werden Sie aber für den Weg, der weiter in südliche Richtung führt, nicht brauchen.

Der **Schnippenkopf** (3.15 Std.) ist der ideale Platz für die Mittagspause. Selbst im späten Herbst, wenn an den Nordhängen schon Schnee liegt, sind hier oben freie, trockene Graspolster, die zum Hinsetzen einladen. Der Schnippenkopf ist der eigentliche Höhepunkt dieser Wanderung, denn er liegt unmittelbar der Bergkette gegenüber, die sich vom Nebelhorn zu den Daumengipfeln zieht. Der berühmte Hindelanger Klettersteig führt ziemlich genau oben am Grat über diese gezackte Bergwelt. Mit einem guten Fernglas können Sie vor allem im Sommer immer wieder Kletterer zwischen den Spitzen auftauchen und wieder verschwinden sehen.

Vom Gipfel wandern wir zunächst knapp 10 Min. weiter nach Süden zur **Falkenalpe** und gehen etwa 50 m dahinter rechts zum Wald, wo die vielen Wegweiser stehen. (Vorsicht! Der Weg, der an der Alpe selbst in die gleiche Richtung abzweigt, führt zurück auf die Entschenalpe, von der wir gekommen sind!) Bei den Schildern folgen wir der Richtung Gaisalpe–Reichenbach.

Der Weg führt steil durch den Wald nach unten, zum Teil an einem Bach entlang, und mündet auf die Wiesen des **Rubihauses** (3.45 Std.). Über uns stehen groß und gewaltig der Entschenkopf und das Rubihorn. Wir tauchen wieder in den Wald ein, halten uns jetzt zuerst rechts, bis wir

Sonnige Rast an der Gaisalpe

an den Bach kommen, und gehen dann an seinem Ufer entlang abwärts, bis der Weg wieder deutlicher wird. Die **Gaisalpe** (4.15 Std.) ist im Sommer zwar noch bestoßen, sie ist aber eine gemütliche Wirtschaft geworden, die alle Ansprüche der Bergwanderer befriedigen kann.

Von der Alpe aus folgen wir zunächst der Straße nach unten bis zum **Gaisalpbach.** Dort zweigt der Tobelweg ab, der über Holztreppen und Steinstufen steil nach unten führt. Auch hier ist wieder eindrucksvoll das ständige Arbeiten des Wassers zu beobachten. In den Wasserlöchern, den Gumpen, kann man sich bei heißem Wetter wunderbar erfrischen.

Achtung: Vor allem im Frühjahr, wenn im Tobel noch Schneereste liegen, oder im späten Herbst, wenn nasses Laub die Stufen glitschig macht, ist zu empfehlen, auf der Alpstraße zu bleiben.

Der Weg kommt kurz oberhalb von **Reichenbach** (5 Std.) aus dem Wald. Wir nehmen die erste Abzweigung nach rechts und gehen oben um das Dorf herum. Vom Gasthof Hirsch führt der Talwanderweg zurück nach **Schöllang** (5.30 Std.).

Panoramaweg am Nebelhorn

Von Oberstdorf auf Laufbacher Eck und Himmeleck

Der Weg über das Himmeleck gehört zu den schönsten Höhenwegen der Ostalpen, die für Wanderer ohne Kletterambitionen begehbar sind. Dieses Schmankerl soll Ihnen nicht vorenthalten werden. Schwindelfrei und trittsicher sollten Sie aber auf alle Fälle sein.

DIE WANDERUNG IN KÜRZE

+++ Anspruch

7 Std. Gehzeit

1400 m Abstieg

Charakter: lange Bergtour, die Ausdauer und Schwindelfreiheit erfordert; größtenteils Bergpfade, am Ende der Wanderung breiter Fahrweg

Wanderkarte: Umgebungskarte 1:50 000 Allgäuer Alpen

Einkehrmöglichkeiten: Edmund-Probst-Haus, Käseralpe, Oytalhaus, Café Jägerstand

Anfahrt: Oberstdorf ist Endstation der **Bahnlinie** von Immenstadt; gute **Busverbindungen** von allen Orten der Umgebung nach Oberstdorf; mit dem **Auto** von Sonthofen über die B 19 nach Oberstdorf, beste Parkmöglichkeit auf dem Parkplatz der Nebelhornbahn, rechts der Trettach

Achtung: auf keinen Fall bei unsicherem Wetter oder bei Gewitterlagen gehen! (Informationen zur Wetterlage über die Oberstdorfer Bergauskunft: ✆ 0 83 22/10 95)

Ausgangspunkt dieser Tour ist die **Talstation der Nebelhornbahn** in **Oberstdorf.** Am besten nehmen Sie gleich die erste Kabine (8.45 Uhr, in der Hauptsaison 8.15 Uhr), meist fährt sogar eine gute halbe Stunde vorher noch eine frühere. Zu dieser Zeit drängen sich bei gutem Wetter genug Wanderer am Eingang, so daß sich die Fahrt für die Bahngesellschaft lohnt. Die Bahn bringt uns in etwa 20 Min. zur **Bergstation,** die in einem Hochtal in 1927 m Höhe gebaut ist.

Auf den Nebelhorngipfel selbst müssen wir wegen des zu langen Umwegs verzichten, wenn er auch eine herrliche Aussicht auf die nördlichen Allgäuer Berge bieten würde. Wir wenden uns vom Ausgang der Bergstation nach rechts, gehen am **Edmund-Probst-Haus** des DAV vorbei und sind in ein paar Minuten am **Sattel** zwischen dem Hüttenkopf und dem Zeiger (15 Min.). Tief unten liegt der Seealpsee, die Morgensonne wirft ein interessantes Streiflicht auf die steilen Grashänge. Ein steiler, die Kniegelenke strapazierender Abstieg würde uns von hier in knapp zwei Stunden direkt zum Oytalhaus führen.

Wir halten uns links und gehen unter den zwei Seeköpfen vorbei bis zum **Sattel** vor dem Schochen (1 Std.). Oft stehen hier Gemsen im Gras, gar nicht weit ab vom Weg. Sie wissen genau, daß ihnen von uns Wanderern keine Gefahr droht, daß es keiner riskiert, den steilen Grashang hinabzuklettern. Geradezu genießerisch rupfen sie sich ein Gräslein nach dem anderen aus der Blumenwiese. Über dem 1000 m tiefer liegenden Oytal, das hier wie eine Schlucht wirkt, steht der Höfats, der wohl berühmteste Grasberg des Allgäus. Dahinter stechen die Spitzen des Allgäuer Hauptkammes in den Himmel, die Trettachspitze, die Mädelegabel oder der Kratzer.

Am Schochen öffnet sich der Blick nach der anderen Bergseite. Im Norden liegt als gewaltiger Wall die Nebelhornkette mit dem unverkennbaren, glattrückigen Großen Daumen. Im Osten ist die Barriere um das Rauhhorn aufgebaut, das über den berühmten Jubiläumsweg erschlossen wird. Im Süden bzw. Südosten ragt der Geierschnabel des Hochvogels auf und, durch seine Posthornschneckenform nicht zu verwechseln, der Schneck, den wir später umwandern werden. Er ist einer der wandelbarsten Berge der ganzen Allgäuer Alpen: Von jeder Seite hat er ein völlig anderes Gesicht. Wir werden das auf unserer Wanderung noch erleben.

Ein Stück hinter dem Sattel biegt der Weg scharf nach Osten ab. Wir umrunden den Schochengipfel und treffen unter dem Lachenkopf auf ein kurzes **drahtseilgesichertes Wegstück** (2 Std.) durch eine Felswand.

Jetzt erwartet uns ein steiler Weg (knapp 200 Höhenmeter), der uns auf das **Laufbacher Eck** (2.30 Std.) führt, besser gesagt, auf den Sattel etwas unterhalb davon. Hier ist die erste größere Rast fällig. Sie werden sehen, diese Idee haben auch andere, die ganze Runde der ›Himmeleckgeher‹ trifft sich hier zum Verschnaufen. Unter uns, im Talkessel, ist eine Bergwachtstation, die durchgehend besetzt ist. Für diejenigen, die sich zu wenig zu trinken mitgenommen haben, schleppen die Bergwachtler immer einen Wasservorrat herauf. Für eine kleine Spende werden sie dankbar sein.

Nach der Rast folgt ein Abstieg von etwa 300 m Richtung Bergwachthütte, 150 m müssen wir anschließend zum Himmeleck wieder aufsteigen. Weil das Ab und Auf meist kurz vor der Mittagszeit ist, kann dieses Stück Weg recht schweißtreibend werden. Über uns, jetzt auf der rechten Seite, steht der

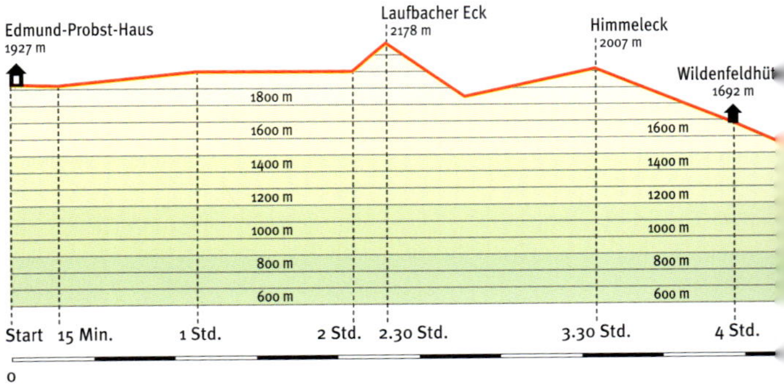

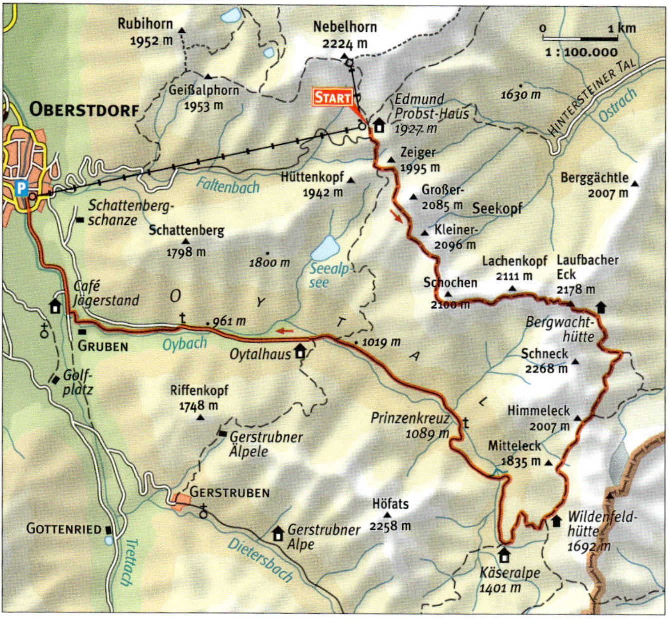

Schneck; er hat sich in eine spitze Felsnadel verwandelt und ist kaum wiederzuerkennen. Der Weg abwärts ist steil und voller Geröll, Wanderstöcke leisten hier gute Dienste. Am **Himmeleck** (3.30 Std.) haben Sie sich die zweite Pause verdient. Vielleicht finden Sie in der Wiese ein Edelweiß, die Stelle ist berühmt dafür. Aber bitte denken Sie daran: Es ist streng geschützt – auf keinen Fall pflücken!

Ab hier geht es nur noch abwärts, zunächst 300 Höhenmeter zur **Wildenfeldhütte** (4 Std.; nicht bewirtschaftet), wo der erste Brunnen sprudelt. Auf diesem Teil des Abstiegs ist bei Nässe äußerste Vorsicht geboten, der lehmige Boden ist dann glatt wie Schmierseife.

An der Wildenfeldhütte halten wir uns rechts. Nun wird der Weg besser, weitere 300 Höhenmeter, und wir sind an der nächsten Station, der

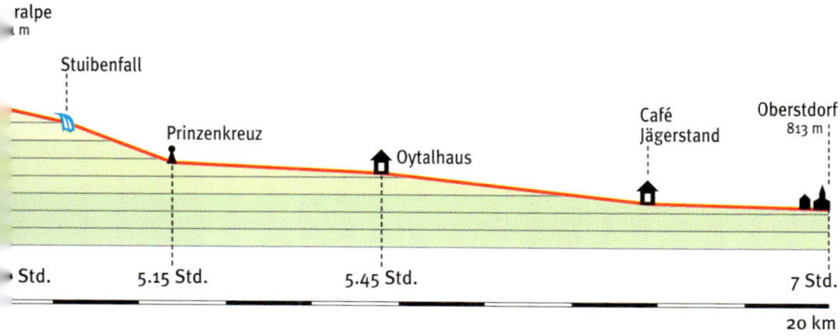

gastlichen **Käseralpe** (4.30 Std.). Sie stammt aus dem 19. Jh., inzwischen ist sie modern ausgebaut. Von der Familie Grolig bewirtschaftet, ist sie von Juli bis Ende Oktober für Wanderer offen. Gut 100 Stück Jungvieh werden hier gesömmert, vier bis fünf Kühe sorgen für ausreichend Milch. Sollten Sie am Himmeleck oben die Zeit verträumt haben oder von einem Gewitter überrascht werden, so haben die Groligs für Sie eine Übernachtungsgelegenheit. Das sind zwar nur einfache Lager, aber besser als ein Weg im Dunkeln oder in Regen und Sturm ist es auf alle Fälle.

Der Weiterweg nach unten ist jetzt so breit, daß er auch von Autos befahren werden kann. Er führt in Serpentinen über eine Steilstufe am herrlichen **Stuibenfall** vorbei. Der Stuibach führt uns etwas Eigenartiges vor. Schon beim Abstieg über die Wiesen der Käseralpe konnte man sehen, daß das Bachbett völlig ausgetrocknet ist, obwohl von den Berghängen genug Wasser nach unten fließt. Das Wasser kommt erst kurz vor der Steilstufe an die Oberfläche, bietet uns das Schauspiel des Stuibenfalls und verschwindet dann wieder sang- und klanglos.

Blick vom Panoramaweg zwischen Nebelhorn und Laufbacher Eck auf Glasfelder Kopf und Kesselspitz

Daran ist keine künstliche Ableitung zu einem Kraftwerk schuld, sondern ganz einfach der extrem durchlässige Kalkboden. Bei normalem Wasserstand fließt das Wasser unterirdisch in breitem Strom talauswärts und kommt erst nach dem Oytalhaus wieder zum Vorschein.

Unser Weg führt uns nach dem Wasserfall am großen **Prinzenkreuz** (5.15 Std.) vorbei. An dieser Stelle wurde der bayerische Thronverweser, Prinzregent Luitpold, während der Jagd von einem fürchterlichen Unwetter überrascht. Zum Dank für die Rettung ließ er das Kreuz aufstellen. Über uns erkennen wir wieder den Schneck, der sich jetzt als ganz normaler, unauffälliger Felsberg zeigt. Schließlich erreichen wir das **Oytalhaus** (5.45 Std.) .

Abkürzung: Wenn Sie die Zeit so bemessen haben, daß Sie kurz vor 16.30 Uhr im Oytalhaus sind, so können Sie den Stellwagen nach Oberstdorf benutzen. Dieses Pferdefuhrwerk bringt Sie in einer guten halben Stunde zur Talstation der Nebelhornbahn zurück.

Eine schöne Allee führt vom Oytalhaus weg bis zu einem riesengroßen **Wegkreuz,** das links auf einem kleinen Hügel steht. Kurz darauf weist uns ein Schild nach links abwärts zum gepflegten Dr.-Hohenadl-Weg. Dieser führt unmittelbar am **Oybach** entlang, der von Meter zu Meter mehr Wasser führt. Es ist beeindruckend, wie das Wasser von allen Seiten in das Bachbett drängt, an allen Hängen und sogar im Bachbett selbst aus dem Boden quillt.

Kurz vor der Einmündung des Oybachs in die Trettach überqueren wir ihn auf einer Brücke und wandern dann die **Trettach** entlang. Auf der linken Seite taucht nach ein paar Minuten das **Café Jägerstand** auf, das nochmals zu einer Pause einlädt. Von seiner Terrasse kann man einen letzten Blick auf die hohen Allgäuer Berge, die Trettachspitze, die Mädelegabel und den Kratzer werfen. Eine knappe Viertelstunde noch, und wir sind wieder an der **Talstation der Nebelhornbahn** (7 Std.) in **Oberstdorf** angelangt.

Zum ›Kleinsten Walsertal‹

Von Oberstdorf nach Gerstruben

›Kleinstes Walsertal‹ ist natürlich nicht der offizielle Name, das Tal, in dem das Bergdorf Gerstruben liegt, heißt Dietersbachtal. Trotzdem ist er treffend, denn die winzige Siedlung Gerstruben wurde von ausgewanderten Walsern gegründet.

DIE WANDERUNG IN KÜRZE

+ Anspruch

3.30 Std. Gehzeit

12 km Länge

Charakter: einfache Halbtageswanderung; wenn man auf den Dietersbachtobel verzichtet, auch mit dem Kinderwagen möglich

Wanderkarte: Umgebungskarte 1:50 000 Allgäuer Alpen

Einkehrmöglichkeiten: Gasthof Alpenrose, Gasthof Gerstruben, Café Gruben, Café Jägerstand

Anfahrt: Oberstdorf ist Endstation der **Bahnlinie** von Immenstadt; gute **Busverbindungen** von allen Orten der Umgebung nach Oberstdorf; mit dem **Auto** von Sonthofen über die B 19 nach Oberstdorf, beste Parkmöglichkeit auf dem Parkplatz der Nebelhornbahn, rechts der Trettach

Bademöglichkeit: Moorbad bei Oberstdorf

Wir beginnen unsere Wanderung in **Oberstdorf** an der **Trettachbrücke** südlich der Nebelhornbahn auf der (orographisch) linken Flußseite. Von dort führen zwei Wege nach Gerstruben; wir benutzen den rechten, breiten Weg, der etwas abseits vom Bach beginnt. Er führt uns auf eine prächtige Allee, von der man einen schönen Überblick über die Täler hat, die sich hier verzweigen: das Stillachtal rechts und das Trettachtal links, dazu die vielen Nebentäler. Dazwischen liegt, mächtig aufragend, der Himmelschrofen. Ganz links führt das Oytal zur Käseralpe (Tour 15).

Wir gehen den kleinen Hügel nach unten, biegen links ab, wandern am **Gasthof Alpenrose** vorbei und kom-

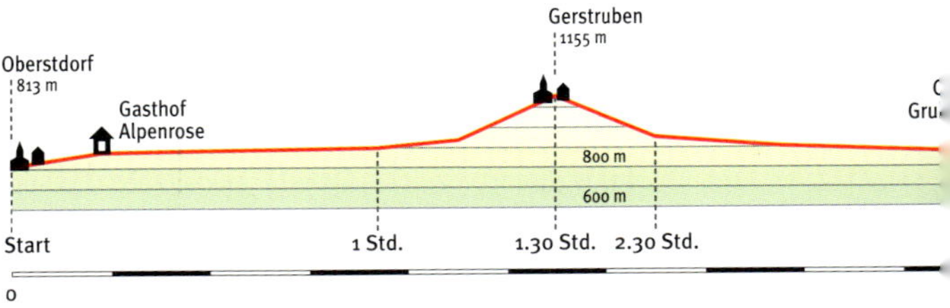

men zu einem stillen **Moorweiher** (30 Min.), in dem sich der Schattenberg aus der Nebelhorngruppe wunderschön spiegelt. Ein Weg durch lichten Mischwald führt uns am Rand des Oberstdorfer Golfplatzes vorbei zu einem Teersträßlein, dem wir weiter folgen.

Wir überqueren die **Trettach** (1 Std.), hoch über dem Bach sticht die Trettachspitze wie eine kühne Felsnadel in den Himmel und verdeckt fast die viel berühmtere Mädelegabel. An der ersten Abzweigung nach Gerstruben wandern wir noch vorbei, folgen aber etwa 750 m weiter einem zweiten Schild. Über die Felder, dann durch den wilden **Dietersbachtobel** steigen wir langsam nach oben. Wild ist diese Schlucht wirklich, zum Teil stehen die Felswände nur knapp 2 m auseinander. Nicht umsonst wird der Tobel auch Hölltobel genannt: Früher hat man geglaubt, hier sei der Eingang zur Unterwelt. Vergessen Sie nicht, sich den Wasserfall anzusehen, wenn Sie auch dazu über einen kleinen Felsen nach oben klettern müssen.

Oberhalb des Tobels treffen wir wieder auf die Fahrstraße, biegen um eine Ecke und sind in **Gerstruben** (1.30 Std.). Hier haben die Walser, am Ende ihrer Wanderung quer durch die Alpen angelangt, ihre aus schweren Balken gezimmerten Bauernhöfe gebaut, die wir heute noch bewundern. Wir können in der Bergwirtschaft der Familie Huber einkehren, die schon seit drei Generationen den Betrieb führt. Außer den Hubers wohnt niemand mehr ganzjährig hier oben auf 1155 m Höhe. Die Familie betreibt neben dem Gasthaus noch eine kleine Landwirtschaft, denn von einem Gewerbe allein könnte sie hier nicht leben.

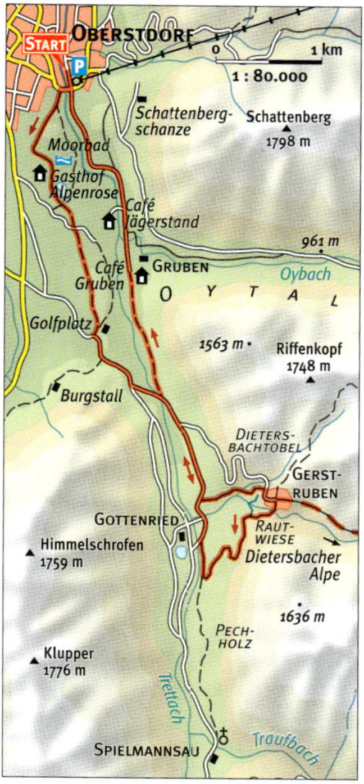

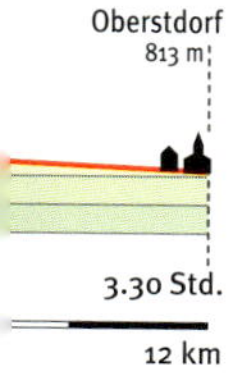

Abstecher: Im Sommer bietet sich noch eine Wanderung entlang des Dietersbachs bis zur **Gerstrubner Alpe** oder gar zur **Dietersbacher Alpe** an. Für den Weg hin und zurück braucht man 40 Min. bzw. 2 Std. zusätzlich.

Auch auf dem Rückweg wollen wir die Teerstraße vermeiden. Wir steigen zwischen Jagdhaus und Kapelle auf einem mit ›Spielmannsau‹ bezeichneten Weglein rechts ab und gehen vor dem Bauernhof über die Wiesen nach unten auf die Bäume zu. Dort geht es steil zum **Dietersbach** hinunter, den wir auf einer kleinen Holzbrücke überqueren. Hier ist der obere Eingang des Hölltobels, natürlich nur für das Wasser ›begehbar‹.

Über die **Rautwiese** (2 Std.), auf der früher ein Bauernhof stand, führt der Weg im lichten Wald hinunter zum Talweg nach Spielmannsau (2.30 Std.). Wir wandern jedoch talauswärts zurück, an der Abzweigung zum Hölltobel vorbei, und kommen so wieder an die **Trettachbrücke.**

Um nicht den gleichen Weg zurückzugehen, bleiben wir auf der rechten Bachseite. Linker Hand endet über dem Golfplatz der steil abfallende und wenig besuchte Bergrücken, der an der Mädelegabel beginnt und das Trettachtal vom Stillachtal trennt. An seiner Nordflanke stand im 15. Jh. auf einem künstlich noch unzugänglicher gemachten Hügel die Burg der Ritter von Heimenhofen, die in Oberstdorf und im Illertal ihren Besitz hatten. Sie war nur knapp hundert Jahre bewohnt und ist seitdem verfallen. Heute erinnert nur mehr ein Gedenkstein auf dem eingeebneten Platz an das alte Adelsgeschlecht.

Wir marschieren am **Café Gruben** vorbei und treffen auf den Weg, der aus dem Oytal kommt (3 Std.). In einer halben Stunde sind wir, vorbei am **Café Jägerstand,** wieder in **Oberstdorf** (3.30 Std.).

Die Walsersiedlung Gerstruben, im Hintergrund der Höfats

Die verflixten Bergnamen

Vom Fellhorn über die Kanzelwand nach Faistenoy

Südlich vom Fellhorn liegen drei Gipfel: Warmatsgundkopf, Schüsser und Hammerspitze – so heißen sie bei den Allgäuern. Die Kleinwalsertaler sagen dazu Kanzelwand, Hammerspitze und Schüsser, in der gleichen Reihenfolge natürlich – die Verwirrung ist perfekt.

DIE WANDERUNG IN KÜRZE

++ Anspruch

5.30 Std. Gehzeit

1150 m Abstieg

Charakter: wegen Länge und Höhenunterschied anspruchsvolle Bergtour auf teils breiten, teils schmaleren Bergpfaden, die stellenweise sehr steinig sind

Wanderkarte: Umgebungskarte 1:50 000 Allgäuer Alpen

Einkehrmöglichkeiten: Bergstation Fellhornbahn, Bergstation Kanzelwandbahn

Anfahrt: regelmäßiger **Pendelbus** von Oberstdorf zur Talstation der Fellhornbahn; mit dem **Auto** von Oberstdorf Richtung Kleinwalsertal, bei der ersten Steigung links ab und den Schildern zur Fellhornbahn nach (Parkplatz)

Achtung: Im folgenden werden, mit einer Ausnahme, die Allgäuer Namen der Gipfel benutzt; nur beim Warmatsgundkopf wird die – durch die von Riezlern heraufführende Kanzelwandbahn wesentlich bekanntere – Kleinwalsertaler Bezeichnung ›Kanzelwand‹ verwendet.

Ausgangspunkt unserer Wanderung ist die **Talstation der Fellhornbahn** in Faistenoy. Ihre großen Gondeln bringen uns in zwei Abschnitten auf fast 2000 m Höhe. Vor allem im zweiten Abschnitt sollten Sie aufpassen: In Fahrtrichtung links unterhalb wurde ein Stück des Hanges als Naturschutzgebiet mit absolutem Betretungsverbot ausgewiesen. Wenn man am Morgen mit einer der ersten Gondeln unterwegs ist, kann man hier mit etwas Glück die selten gewordenen Rauhfußhühner oder sogar ein paar Schneehasen beobachten. Gemsen gibt es sowieso im ganzen Wandergebiet.

Natürlich besuchen wir den Gipfel des **Fellhorns** (15 Min.), ehe wir uns endgültig auf den Weg machen. Bei ihm handelt es sich, wie so oft im Allgäu, um einen Grasrücken, den wir über einen breiten, bequemen Weg erreichen. Er läßt uns über das Illertal weit ins Allgäuer Land schauen. Tief unter uns liegt Oberstdorf mit seinen Sprungschanzen, dann folgen Sonthofen, Immenstadt und, hinten am Horizont, Kempten. Wenn wir uns umdrehen, so sehen wir deutlich den Weg zur Kanzelwand, den wir gehen werden, und die kleinen Wege im Warmatsgundtal, auf denen wir ins Tal zurückkehren wollen.

Wir gehen auf dem gleichen Weg, den wir gekommen sind, zur **Bergstation** der Seilbahn (30 Min.) zurück. Von hier aus folgen wir dem breiten Weg abwärts Richtung Gundsattel, der den tiefsten Punkt in der Bergkette zwischen Fellhorn und Kanzelwand markiert. Im Frühsommer blühen hier unzählige Alpenrosen, der ganze Berg scheint rot zu leuchten.

Vom **Gundsattel** (1 Std.) steigen wir in Serpentinen zu dem Höhenrücken auf, der die Bergstation der Kanzelwandbahn mit dem Gipfel verbindet. Wir wenden uns nach links und kommen an der Südflanke der Kanzelwand an einen kleinen Sattel, von dem aus wir in wenigen Minuten zum Gipfel der **Kanzelwand** (1.30 Std.) aufsteigen.

Wenn man Glück hat und einen klaren Tag erwischt, kann man von hier oben eine einzigartige Fernsicht genießen. Im Norden schaut man weit ins Schwabenland hinein, die fast immer sichtbaren Wolkenberge am Horizont stammen von den Kühltürmen des Kraftwerkes Gundremmingen an der Donau. Dreht man sich langsam nach Westen, so begrenzen die Berge um Immenstadt den Blick ins Voralpenland: hinten die Nagelfluhkette vom Mittagberg über den Stuiben bis zum Hochgrat (Tour 26 und 28), davor liegt die Hörnergruppe mit dem Riedberger Horn (Tour 24). Ganz im Westen glänzt der Säntis aus der Schweiz, dann folgen die Karstfelsen des Gottesackerplateaus mit dem Hohen Ifen (Tour 20 und 21). Im Süden, neben dem benachbarten Schüsser, schaut der Widderstein (Tour 19) zu uns herüber, links davon stehen Hochgerenspitze und Hammerspitze, dann kommt der Fiderepaß ins Kleinwalsertal. Noch weiter im Osten wird es richtig wild. Am Horizont zeichnet sich die ganze Kette der Allgäuer Hochalpen ab, von der Mädelegabel mit der markanten Trettachspitze über den Hochvogel bis zum Nebelhorn über Oberstdorf. Mit einem guten Fernglas kann man den schönen Weg übers Laufbacher Eck (Tour 15) in vielen Stücken gut ausmachen. Dann folgen die Sonnenköpfe (Tour 14) mit den dahinterliegenden Bergen um Hindelang und schließlich als Abschluß der Grünten (Tour 12) mit seiner markanten Antenne.

Wer nicht allzu früh aufgestanden ist, möchte jetzt wahrscheinlich eine Mittagsrast einlegen. Hier oben am Kanzelwandgipfel ist es nicht besonders gemütlich, aber es gibt eine

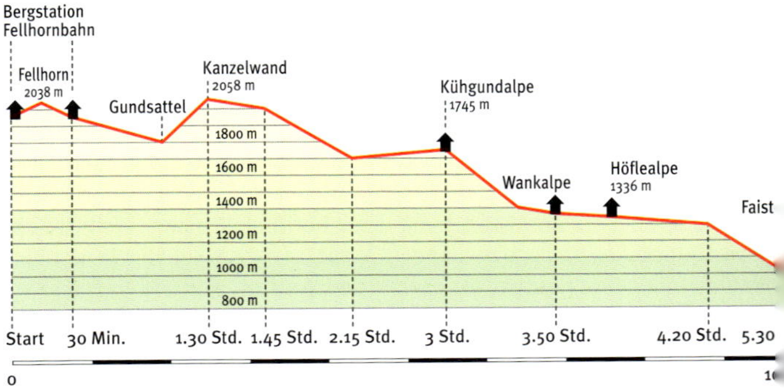

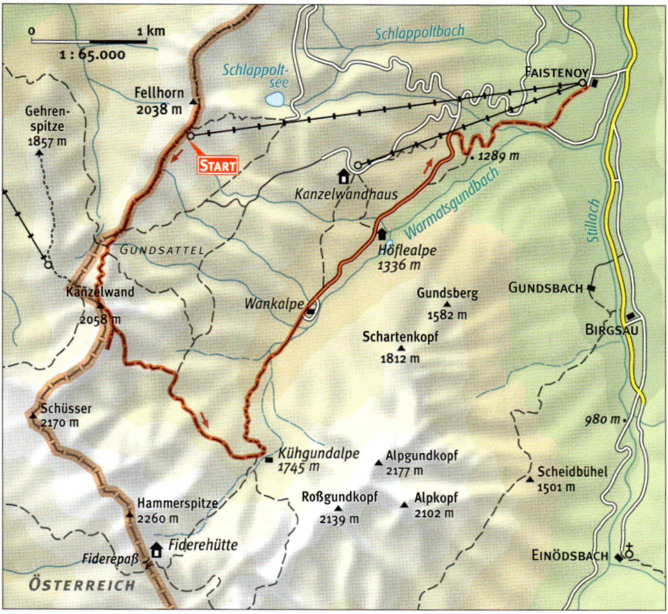

gute Alternative: Wir steigen zu dem Sattel unterhalb des Gipfels ab und gehen ein Stück des Weges Richtung Fiderepaß. Nach etwa 250 m zweigt rechts ein unmarkierter, aber deutlich sichtbarer Steig ab, der über den Kamm zum Schüsser führt. Wir wandern auf ihm in gut 5 Min. zu einem flachen **Gipfel** ohne Namen (1.45 Std.) – ein idealer Platz für eine ausgiebige Rast mit schöner Aussicht.

Zum Weiterweg vorweg zwei Warnungen: Bitte kürzen Sie nicht über das Gras nach unten auf den von hier gut sichtbaren Weg zum Fiderepaß ab, den wir gleich gehen werden. Zum einen sind diese steilen Grashänge sehr gefährlich, zum anderen wird durch solches Querfeldeingehen die Pflanzendecke ernstlich geschädigt.

Die zweite Warnung betrifft den Weg selbst: Er lädt ein, auf ihm weiterzuwandern, um über den Schüsser zur Fiderehütte zu gehen, von der aus man zur Talstation der Seilbahn zurückwandern könnte. Auf vielen Karten ist dieser Weg fälschlicherweise als normaler Wanderweg eingezeichnet. Zum einen verlangt er aber sehr schnell gute Trittsicherheit und absolute Schwindelfreiheit, zum anderen geht er dann, zum Schüssergipfel hinauf, in eine weglose Kletterei über, die zwar nicht überaus schwierig ist, aber dennoch viele Wanderer überfordern kann.

Wir gehen also zur Abzweigung zurück und folgen dem Weg rechts in den großen Talkessel der **Warmatsgundalpe.** Er führt steil über die Schrofen abwärts in die Latschenzone. Wenn wir auf den Weg treffen, der vom Gundsattel über die verfallene Roßgundalpe herüberführt (2.15 Std.), liegt das steilste Stück bereits hinter uns. Jetzt wandern wir in einem weiten Bogen die Hänge

Blick vom Gipfel der Kanzelwand über die Wiesen der Warmatsgundalpe auf die Bergkette östlich von Oberstdorf – Nebelhorn, Höfats und Hochvogel

unterhalb der Hammerspitze entlang, ein Drahtseil hilft, ein kleines Felsband ohne Probleme zu überwinden.

Nach einem wilden Bachbett geht es nochmals leicht aufwärts zur Abzweigung Richtung Fiderepaß (3 Std.). Hier stand die **Kühgundalpe,** die als Hochalpe nur wenige Wochen im Jahr bestoßen war. Heute ist sie aufgelassen, die noch vorhandenen Hütten dienen der Bergwacht als Lager für Rettungsmaterial.

Wir wenden uns nach links und wandern zum Alpboden der **Wankalpe** hinunter. Am Talboden geht es über ein paar Bäche, dann stehen wir an der **Wendeschleife** der Forststraße (3.50 Std.). Auch die Wankalpe ist verfallen, wir können die letzten Spuren noch innerhalb der Straßenschleife sehen. Die Steigung nach der Bachbrücke ist nur ganz kurz, dann wandern wir zunächst eben und schließlich leicht abwärts zur **Höflealpe.** Tief unter uns ist der Warmatsgundbach zu einem kleinen See aufgestaut, sein Wasser versorgt ein Elektrizitätswerk. Darüber stehen die einsamen Hänge des Klupper und des Himmelschrofen, die das Stillachtal vom Trettachtal trennen.

Wir wandern auf der Forststraße weiter bis zur Trasse der **Lastenseilbahn** (4.20 Std.), die von Faistenoy das Kanzelwandhaus versorgt. Hier führt rechts ein gut ausgebauter Steig in vielen Serpentinen durch den Wald steil abwärts. Wir passieren eine **Diensthütte,** dann berühren wir die Bergstraße, die zu den vielen bewirtschafteten Häusern im Skigebiet am Fellhorn führt. Wir bleiben aber auf unserem Steig, jetzt helfen Treppen, die steilsten Stellen zu überwinden. Vor einer überdachten **Holzbrücke** wenden wir uns nach links. Das letzte Stück des Weges ist flacher, kurz vor der **Talstation der Fellhornbahn** kommen wir aus dem Wald und haben damit den Ausgangspunkt unserer Tour erreicht (5.30 Std.).

Zwischen engen Felswänden

Durch die Breitachklamm bei Oberstdorf

Die Breitachklamm ist ein Naturdenkmal, das in seiner Schönheit nahezu einzigartig ist. Am Eingang des Kleinwalsertals tost das Wasser durch die enge Schlucht, die sich das Flüßchen in Jahrmillionen in den Fels gefressen hat.

DIE WANDERUNG IN KÜRZE

+ Anspruch

2.30 Std. Gehzeit

5 km Länge

Charakter: einfache, aber sehr eindrucksvolle Halbtageswanderung, v. a. an Wochenenden sehr stark begangen

Wanderkarte: Umgebungskarte 1:50 000 Allgäuer Alpen

Einkehrmöglichkeiten: Gasthof Walserschanz, Gasthof Breitachklamm, Gasthaus Gsessel

Anfahrt: Busverbindungen von Oberstdorf und vom Kleinwalsertal zum Gasthof Walserschanz; mit dem **Auto** von Oberstdorf auf der B 19 Richtung Kleinwalsertal bis zur österreichischen Grenze, dort Parkmöglichkeit auf einem der großen Parkplätze des Gasthofs Walserschanz

Öffnungszeiten: Breitachklamm: ganzjährig (Eintrittsgeld)

Ausgangspunkt der Wanderung ist der **Gasthof Walserschanz,** der genau an der Grenze zum österreichischen Staatsgebiet steht. Sieht man sich um, so erkennt man noch heute die Reste von Wällen und Gräben, mit denen die Walser ihr Tal im Dreißigjährigen Krieg verteidigten. Sie brachten damals den mächtigen Schweden eine empfindliche Niederlage bei und konnten ihr Tal vor der Verwüstung retten.

Unmittelbar hinter dem Gasthof führt ein Weg steil zur **Breitach** hinunter. Wer aber glaubt, die ersten Meter in der Schlucht seien Dramatik genug, der wird schnell eines Besseren belehrt: Nach dem **Kassenhäuschen** (15 Min.) geht es erst richtig los. Unter überhängenden Felswänden ist der Steg befestigt, der uns durch die Schlucht führt. Mal gurgelt die Breitach in fast unergründlicher Tiefe, mal schießt sie wild direkt unter dem Steg durch. Selbst bei hellem Sonnenschein ist es an einigen Stellen in der Schlucht so finster wie in einem Keller, so weit hängen die Felswände über. An der engsten Stelle sind die Felsen am oberen Rand nur 6 m voneinander entfernt, unten aber, wo unser Weg entlangführt, ist die Schlucht viel breiter. Hoch oben überquert eine Brücke, der Zwingsteig, die Schlucht. Es wird erzählt, daß sich einst, bevor diese Brücke gebaut worden war, ein Wilderer durch einen verzweifelten Sprung über den Abgrund vor seinen Verfolgern gerettet habe.

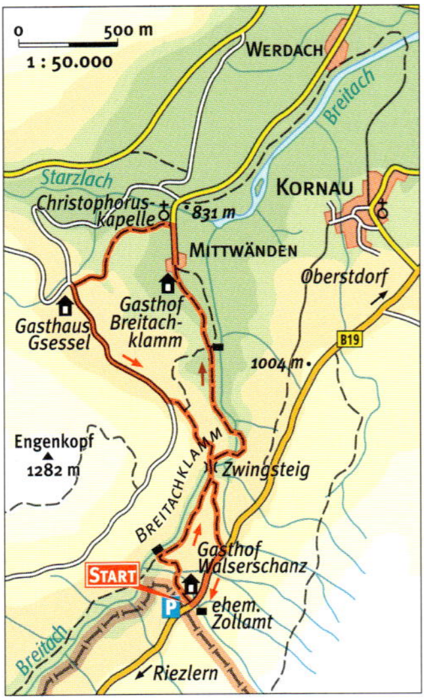

Zwingsteig weist. Dem folgen wir, wandern am **Gasthaus Gsessel** (2 Std.) vorbei und kommen durch den lichten Laubwald zur Klammbrücke, dem **Zwingsteig** (2.15 Std.). Hier können wir mit etwas flauem Gefühl im Magen in die Tiefe schauen und bekommen nochmals einen Eindruck von der Einzigartigkeit dieses Naturdenkmals. Die Wanderer auf dem schmalen Steg unten in der Schlucht wirken wie kleine Puppen.

Vom Zwingsteig aus gehen wir links (der rechte Weg führt wieder in die Schlucht) bis zur Bundesstraße ins Walsertal. Dieser müssen wir noch gut 300 m nach rechts folgen, dann sind wir wieder am **Gasthof Walserschanz** zurück (2.30 Std.).

Eine gute Stunde dauert der Weg durch die Klamm, und am Ende ist man fast froh, dem ohrenbetäubenden Lärm des Wassers entkommen zu sein. Ein zweites **Kassenhäuschen** (1.30 Std.) regelt den Besucherstrom von der anderen Seite, natürlich gibt es dort einen kleinen Kiosk mit Andenken und eine Wirtschaft, den **Gasthof Breitachklamm.**

Viel Ruhe herrscht hier nicht, daher gehen wir den Parkplatz entlang und wandern an seinem Ende, bei der **Christophoruskapelle,** den steilen, aber breiten Weg nach oben Richtung ›Alpe Dornach‹ und ›Berggasthof Sesselalpe‹. Etwas später kommt noch ein Wegweiser, der zum

Die Breitachklamm

Die Breitachklamm hieß bei den Einheimischen früher ›Zwing‹. In ihr wohnten die Zwinggeister. Wehe dem, der sie nicht ernst nahm, der sie gar verspottete. Begab er sich in ihren Machtbereich, war es um ihn geschehen. Noch um die Jahrhundertwende waren sich viele Leute sicher, daß man die Klamm nur mit größter Vorsicht betreten dürfe.

Nur einer, der Pfarrer Johann Schiebel von Tiefenbach, sah das ganz anders. Als Mann des Fortschritts erkannte er, daß eine Erschließung der Breitachklamm von erheblicher Bedeutung für den auf-

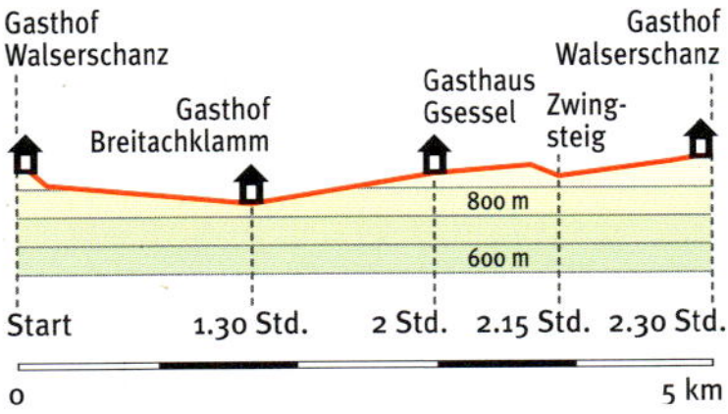

keimenden Fremdenverkehr sein könnte. Im Jahr 1902 ließ er sich in die Schlucht abseilen, um zu erkunden, ob es möglich sei, in ihr einen Weg zu bauen. Nachdem seine Untersuchungen ein positives Ergebnis brachten, gründeten Oberstdorfer Bürger 1904 den ›Breitachklamm Verein‹, der die Erschließung der Klamm vorantreiben sollte. Er besteht heute noch als eingetragene Genossenschaft und sorgt durch eine ausgeklügelte Satzung dafür, daß die Anteile nicht allmählich an Großkonzerne der Fremdenverkehrsindustrie übergehen können.

Kein Einheimischer wollte damals das Bauprojekt durchführen. Deshalb engagierte man einen Italiener, den Baumeister Johann Lucian aus Primero, der mit solchen Aufgaben mehr Erfahrung hatte. Ein Jahr dauerte der Wegebau, 16 302 Goldmark kostete das Unternehmen. Im Juni 1905 wurde der neue Weg eröffnet. Die Wegführung ist bis heute die gleiche, abgesehen davon, daß die Sicherheitsvorkehrungen den heutigen Erfahrungen und Belastungen angepaßt wurden.

Größte Sorgfalt haben die Mitglieder der Klammgenossenschaft immer darauf verwendet, Unglücksfälle durch Steinschlag zu vermeiden. Jedes Jahr werden nach der Schneeschmelze die Felswände nach lockerem Gestein abgesucht. Alles, was im Laufe des Jahres gefährlich werden könnte, wird radikal in die Tiefe befördert. Der Aufwand für die Sicherheit der Gäste hat sich gelohnt. In den fast hundert Jahren seit der Eröffnung des Weges hat es erst drei Bagatellunfälle gegeben, obwohl bisher über 16 Mio. Besucher den Weg benutzt haben.

1961 sollte die Klamm durch eine Mauer verschlossen werden, um als Rückhaltebecken bei Hochwasser zu dienen. In einer großangelegten gemeinsamen Aktion des Alpenvereins, der Naturschutzverbände und der Gemeinde Oberstdorf wurde dieser unsinnige Bau aber verhindert. Eines der schönsten Naturschauspiele der Alpen wäre unrettbar verloren gewesen.

Wanderer in der Breitachklamm

Auf alten Schmugglerpfaden

Von Baad rund um den Großen Widderstein

Die Bewohner des Kleinwalsertales sind seit dem 15. Jh. österreichische Untertanen, obwohl das Tal sich nur nach Bayern hin öffnet. Als Lebensadern dienten jahrhundertealte Bergpfade und -pässe, die die Verbindung zum Mutterland herstellten.

DIE WANDERUNG IN KÜRZE

++ Anspruch

5.30 Std. Gehzeit

850 m An-/Abstieg

Charakter: Ganztagestour; etwas Ausdauer erforderlich, sonst ohne Schwierigkeiten

Wanderkarte: Umgebungskarte 1:50 000 Allgäuer Alpen

Einkehrmöglichkeiten: Bärgunthütte, Widdersteinhütte, Hintere Gemstelhütte

Anfahrt: gute **Busverbindungen** nach Baad von den anderen Orten im Kleinwalsertal und von Oberstdorf; mit dem **Auto** von Oberstdorf auf der B 19 bis zum Ende des Kleinwalsertals, Parkplätze am Ortseingang von Baad

Bademöglichkeiten: Hochalpsee, Breitach (nur im Hochsommer)

Unsere Wanderung beginnt an der hintersten Ecke der drei Parkplätze am Ortseingang von **Baad** im Kleinwalsertal. Hier befindet sich die Holzbrücke über die Breitach, die an dieser Stelle ihren Namen bekommt.

Der Weg ist zunächst mit einem Schild ›Zur Bärgunthütte‹ bezeichnet. Wir wandern den Bärguntbach entlang aufwärts, bleiben beim Wegweiser für den Rundweg rechts unten am Bach und kommen bequem zur **Bärgunthütte** (45 Min.). Die alte Hütte wurde vor gut 100 Jahren als Alpe erbaut. Ihren Namen hat sie von den Bären, die einst hier hausten, und ›Gunt‹ heißt einfach Grund: Das war also der ›Bärengrund‹. Tatsächlich wurde hier im vorigen Jahrhundert der letzte Bär im Klein-

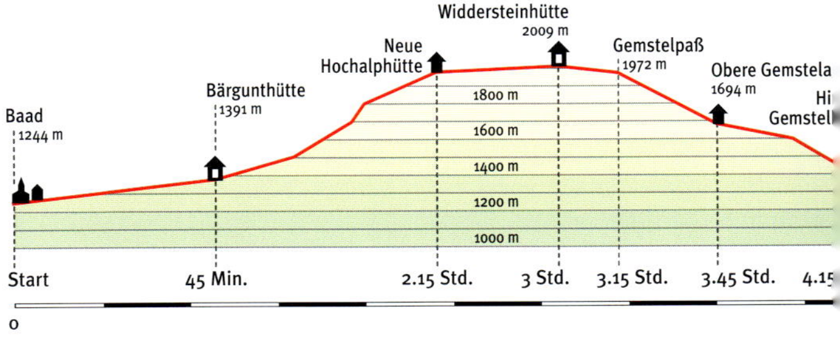

walsertal erlegt.

An einer **verfallenen Alphütte** vorbei, steigt der Weg jetzt stärker an. Hinter uns taucht das Walmendinger Horn auf, im Winter ein beliebter Skiberg. Besonders nach Regentagen ist es an dieser Stelle arg rutschig, denn der Untergrund ist lehmig. Teleskopstöcke tun dann gute Dienste.

Auf einem kleinen **Alpboden** in etwa 1650 m Höhe blühen im Sommer Alpenrosen, Türkenbund, Arnika, Glockenblumen, Storchenschnabel und Weißer Hahnenfuß, vom Läusekraut und vom Bergklee gar nicht zu reden. Nach einer **Bachüberquerung** bitte auf den Weg achten, er führt geradeaus weiter, nicht links ab. Eine **Gedenktafel** erinnert an den tragischen Lawinentod zweier Männer.

Erst nach dem letzten steilen Aufstieg biegt der Weg wirklich nach links. Wir gehen an der verfallenen **Hochalphütte** vorbei, halten uns da erneut links und erreichen in ein paar Minuten die winzig kleine **Neue Hochalphütte** (2.15 Std.). Im Sommer wird sie etwa vier Wochen lang bewirtschaftet. Der Senn kümmert sich um eine riesige Kälberschar und um eine Kuh. Wenn Sie früh am Morgen weggegangen sind, können Sie bei ihm noch einen Becher Milch kaufen – ein Riesenunterschied zur Milch ›aus der Fabrik‹! Links vom Weg ist übrigens der kleine **Hochalpsee,** in dem man im Hochsommer, wenn es sehr heiß ist, baden kann.

Vor uns sehen wir nun schon die

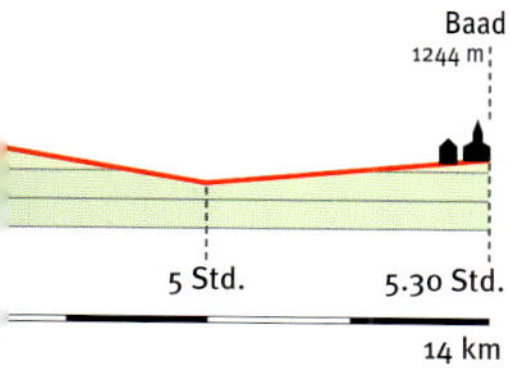

Die Widdersteinhütte unter dem Großen Widderstein

Widdersteinhütte liegen, rechts unten im Tal liegt der Hochtannbergpaß mit seinen ungezählten Skihängen und etwas weiter vorne das Lechtal bei Warth. Im Osten steht markant der Biberkopf, im Süden bauen sich das Warther Horn, das Kar- und das Amselfelder Horn auf. Durch blühende Wiesen marschieren wir fast eben auf die **Widdersteinhütte** zu (3 Std.). Links und rechts sind die Warnpfiffe der Murmeltiere zu hören. Achten Sie bitte auf den Weg, selbst der ist manchmal von einem ›Murmele‹ untergraben.

Von der Hütte aus geht der Weg weiter über die Bergwiesen bis zum **Gemstelpaß** (3.15 Std.). Hier biegen wir links in das Tal hinein ab. Auf dem Weg liegt sehr viel Geröll, das vom Widderstein herabgespült wurde. Vorsicht beim Gehen, man setzt sich sehr schnell und unerwartet auf den Boden!

An der **Oberen Gemstelalpe** (3.45 Std.), an der wir bald vorbeikommen, ist für die Wanderer ein kleiner Unterstand hergerichtet, der bei einem plötzlich herannahenden Gewitter Schutz bietet. Diese Hochalpe

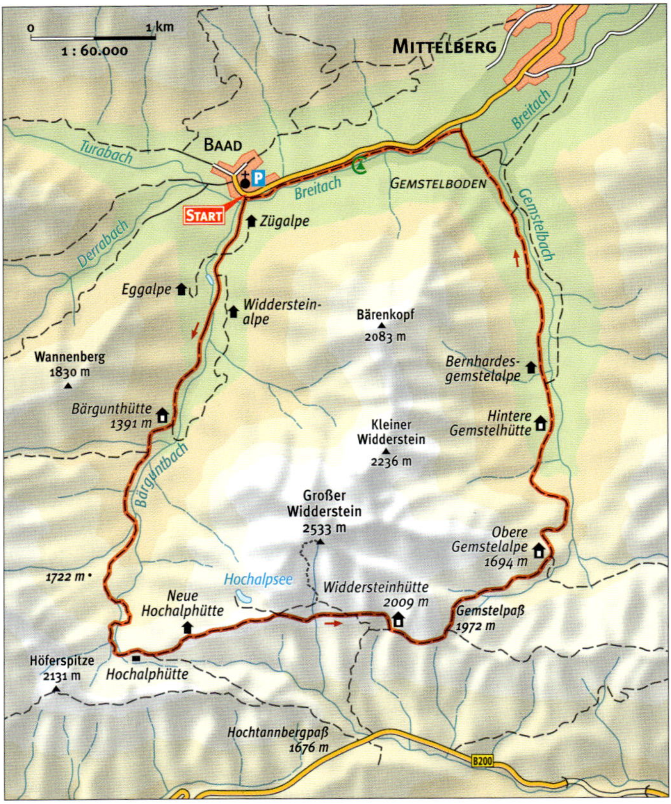

wird nur 14 Tage im Jahr bestoßen, denn nur in diesem kurzen Zeitraum finden die 200 Stück Jungvieh hier Nahrung. Die Weiderechte haben die Lechtaler Bauern. Die Klamm, die wir gleich darauf auf einem kühn angelegten, aber sehr gut gesicherten Steig durchqueren, war für das Vieh unpassierbar. Nur die Schmuggler wußten einen versteckten Weg. Deshalb war dieses Tal früher als *das* Schmugglertal zwischen Österreich und Deutschland wohlbekannt.

Der Weg windet sich weiter steil abwärts, bis er am Talboden die **Hintere Gemstelhütte** (4.15 Std.) erreicht. Von der Hütte sind wir in einer knappen Dreiviertelstunde an der **Straße** zwischen Mittelberg und Baad (5 Std.). Entlang der Breitach erreicht man in einer halben Stunde den Parkplatz in **Baad** (5.30 Std.). An heißen Tagen kann man in dem blitzsauberen Fluß noch ein erfrischendes Bad nehmen.

Abkürzung: Die letzte halbe Stunde kann man sich sparen, wenn man an der Straße den stündlich verkehrenden Bus zurück nach Baad nimmt.

Aussichtskanzel im Walsertal

Von der Auenhütte auf den Hohen Ifen

Der Hohe Ifen ist einer der bekanntesten Berge des Allgäus. Durch seine charakteristische Form und seine respektable Höhe ist er von überall her gut zu erkennen, außerdem ist die Aussicht von seinem Gipfel fast einmalig.

DIE WANDERUNG IN KÜRZE

+++
Anspruch

6.30 Std.
Gehzeit

1000 m
An-/Abstieg

Charakter: Ganztageswanderung, die Trittsicherheit, Schwindelfreiheit und Ausdauer erfordert; Bergpfade und Alpwege, teilweise mit Seilsicherung

Wanderkarte: Umgebungskarte 1:50 000 Allgäuer Alpen

Einkehrmöglichkeiten: Auenhütte, Ifenhütte, Ifersguntalpe, Schwarzwasserhütte, Melköde-Alpe

Anfahrt: an Schultagen **Busverbindung** von Riezlern zur Auenhütte (Ifenlinie); mit dem **Auto** von Oberstdorf auf der B 19 ins Kleinwalsertal, in Riezlern bis zur Breitachbrücke, von dort den Hinweisschildern ›Ifen 2000‹ bis zur Auenhütte folgen; Parkmöglichkeit auf dem Liftparkplatz

Von der bewirtschafteten **Auenhütte** wandern wir auf der bequemen Alpstraße durch lichten Fichtenwald zur **Ifenhütte** (1 Std.) hinauf. (Wer sich diesen Weg sparen will, kann auch den Sessellift benutzen.)

Dann gilt es, eine Steilstufe von etwa 150 Höhenmetern zu bewältigen. Auf dem neuen, gut ausgebauten Weg ist das nicht allzu anstrengend. Nun taucht links der Kamm des Hohen Ifen auf. Man meint, daß diese zerklüfteten Wände allein den Kletterern vorbehalten seien, dennoch gibt es einen Weg, auf dem auch Wanderer ohne große Probleme aufsteigen können.

Wir gehen zunächst in der Ifenmulde ein Stück parallel zu dem Bergkamm, dann schickt uns ein **Wegweiser** (2.15 Std.) nach links auf die Wand zu. Unser Pfad führt in Serpentinen zuerst durch Geröll und dann raffiniert durch die Felsen auf das Ifenplateau. Wo es schwierig wird, hilft ein Drahtseil weiter. Nachdem wir die letzte Felskante überwunden haben, wenden wir uns nach rechts und kommen auf dem breiten Ifenrücken ohne weitere Schwierigkeiten zum Gipfel des **Hohen Ifen** (3.30 Std.).

Von drei Himmelsrichtungen aus sieht der Hohe Ifen unglaublich steil und unzugänglich aus, nur nach Süden fällt er harmlos flach ab. Deshalb gibt es auch an den schönsten Herbsttagen kein Gedränge am Gipfel, hier kann jeder ungestört Rast machen, der flache Hang bietet Platz

Der Felszacken des Hohen Ifen im Kleinwalsertal (in der Bildmitte die Aufstiegsroute)

für alle. Im Norden liegt tief unter uns das kahle Gottesackerplateau (Tour 21), dahinter ziehen sich die Hörnergruppe mit dem Riedberger Horn (Tour 24) und die Nagelfluhkette (Tour 26 und 28) von Westen nach Osten. Links davon blitzt der Bodensee, die dunkle Masse im Hintergrund ist der Schwarzwald. Drehen wir uns weiter nach Süden, so erkennen wir den Säntis, die Churfirsten und bei sehr klarem Wetter sogar die eisbedeckten Schweizer Hochalpen. Dann folgen das Rätikon, die Silvretta, die Verwallgruppe und das Ötztal mit der Wildspitze. Über der Bergkette vom Fellhorn zum Schüsser (Tour 17) ragen die Allgäuer Alpen in den Himmel: der Große Widderstein (Tour 19), die Mädelegabel mit der markanten Trettachspitze, der Hochvogel, das Ne-

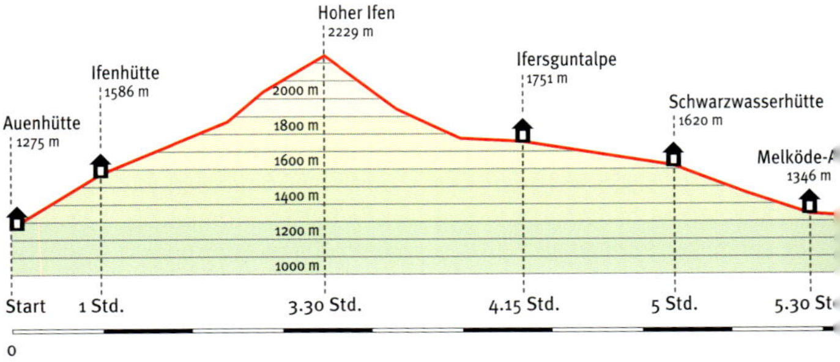

belhorn (Tour 15) und im Norden der Grünten (Tour 12). Ganz weit im Osten kann man noch die Zugspitze ausmachen.

Nach der wohlverdienten Gipfelrast geht es weiter in Richtung Schwarzwasserhütte. Der **Eugen-Köhler-Weg,** benannt nach seinem ersten Erbauer, zweigt von unserem Anstiegsweg seit seiner Sanierung schon kurz unterhalb des Gipfels rechts ab. Auf vielen Karten ist diese Abzweigung noch ein gutes Stück später eingezeichnet. Der Weg führt zunächst nur leicht abwärts, dann aber kommt ein Steilabfall, der wieder mit Hilfe von ein paar Drahtseilen überwunden wird. Der Weg beschreibt einen weiten Linksbogen, langsam kommen wir durch die Latschenregion auf die Alpwiesen der Ifersguntalpe. Links unter uns liegt ein großes Wildschutzgebiet, dessen Betreten ganzjährig verboten ist. In unzugänglichen Felswänden dieses Refugiums haben sogar einige Adler ihren Horst. Mit etwas Glück kann man sie hoch am Himmel schwebend beobachten.

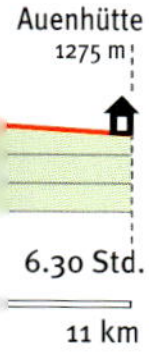

Die **Ifersguntalpe** (4.15 Std.) liegt 1751 m hoch, deshalb ist sie nur im Hochsommer bestoßen. Sie gehört zur Gemeinde Egg im Bregenzer Wald. Kurz hinter der Alpe verzweigt sich der Weg, wir halten uns links und steigen gemächlich abwärts, bis wir nach der Überquerung der Grappa auf den Weg zum Gerachsattel

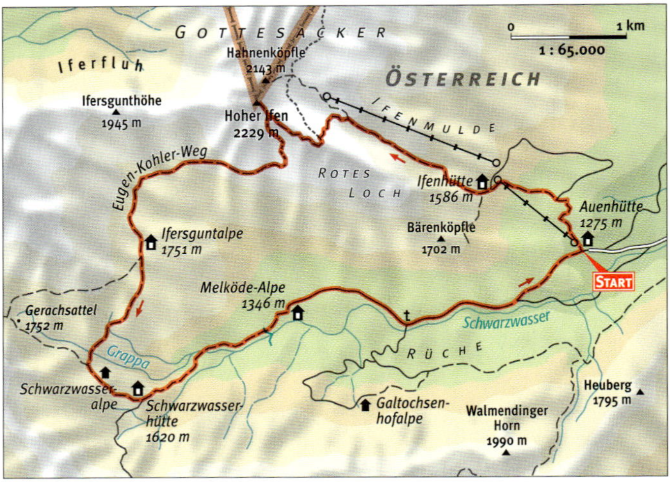

stoßen. Wir wenden uns nach links und kommen in knapp 10 Min. zur **Schwarzwasserhütte** (5 Std.), die der Alpenvereinssektion Schwaben gehört und zu einer ausgiebigen Rast einlädt.

Von der Hütte wandern wir auf dem Bergweg den Schwarzwasserbach entlang. Wir durchqueren eine sumpfige Hochebene, dann steigen wir kurz nach einem Wasserfall in ein paar Serpentinen zur **Melköde-Alpe** (5.30 Std.) ab. Die Häuser dieser Alpe gehören zu den ältesten Bergsiedlungen des Allgäus. Eine Urkunde aus dem Jahr 1612 belegt, daß damals hier oben das ganze Jahr über Menschen wohnten. Am 11. Februar 1952 geschah ein schreckliches Unglück: Mitten in der Nacht brach vom Ifen eine Wächte ab und schoß als gewaltige Staublawine durch das Rote Loch, eine steile Felsrinne, auf die Alpen zu. 40 Menschen wurden verschüttet, 20 davon konnten nicht mehr lebend geborgen werden.

Nach der Alpe macht unser Weg einen weiten Rechtsbogen um eine sumpfige Ebene, die im Frühjahr oder nach starken Regenfällen vollkommen überschwemmt sein kann. Die andere Seite der Ebene wird bei den Einheimischen ›Rüche‹ genannt, ein Name, der auf ein Gelände mit grobem Bewuchs verweist. Der inzwischen erneuerte **Bildstock** am Weg erinnert an den Ausbruch der Maul- und Klauenseuche im Gebiet des Ifen. Zum Dank, daß ihre Alpe von der Seuche verschont blieb, ließ Katharina Hammerer, die Sennerin der Schwarzwasseralpe 1840 diesen Bildstock aufstellen. Nach dem Marterl geht es wieder abwärts. Wir wandern durch ein wildes Meer aus riesigen Steinblöcken. Hier ist vor langer Zeit ein gewaltiger Felssturz vom Bärenköpfle, dem ersten Gipfel des Ifenstocks, niedergegangen. Das Gebiet ist inzwischen unter Naturschutz gestellt worden. Etwa eine gute Viertelstunde nach dem Bildstock müssen wir aufpassen, denn dann zweigt links der Weg zum Gasthof Auenhütte ab. Ein kurzer Anstieg noch, dann sind wir wieder am Ausgangspunkt unserer Wanderung, der **Auenhütte** (6.30 Std.).

Das zu Fels erstarrte Meer

Von der Auenhütte über das Gottesackerplateau am Hohen Ifen
Vom Hohen Ifen genießt man zwar eine hervorragende Aussicht, aber die eigentliche Attraktion dieser Gegend sind die fremdartigen Karstfelder des Gottesackerplateaus. Ihre Durchquerung läßt sich gut mit einer Besteigung des Hahnenköpfles verbinden.

DIE WANDERUNG IN KÜRZE

++ Anspruch

6 Std. Gehzeit

900 m An-/Abstieg

Charakter: einfache Ganztageswanderung ohne Schwierigkeiten und Tiefblicke; auf dem Gottesackerplateau Orientierung nicht ganz einfach

Ausrüstung: ausreichend Getränke, denn es kann sehr heiß werden (Schatten nur während der letzten Gehstunde!), und unterwegs gibt es keine Einkehrmöglichkeit

Wanderkarte: Umgebungskarte 1:50 000 Allgäuer Alpen

Einkehrmöglichkeiten: unterwegs keine; am Beginn bzw. Ende der Wanderung Auenhütte und Ifenhütte

Anfahrt: an Schultagen **Busverbindung** von Riezlern zur Auenhütte (Ifenlinie); mit dem **Auto** von Oberstdorf auf der B 19 ins Kleinwalsertal, in Riezlern bis zur Breitachbrücke, von dort den Hinweisschildern ›Ifen 2000‹ bis zur Auenhütte folgen; Parkmöglichkeit auf dem Liftparkplatz

Achtung: Auf keinen Fall bei Nebel gehen, Gefahr des Verlaufens!

Von der bewirtschafteten **Auenhütte** wandern wir auf der bequemen Alpstraße durch lichten Fichtenwald zur **Ifenhütte** (1 Std.) hinauf. (Wer sich diesen Weg sparen will, kann auch den Sessellift benutzen.)

Dann gilt es, eine Steilstufe von etwa 150 Höhenmetern zu bewältigen. Auf dem neuen, gut ausgebauten Weg ist das nicht allzu anstrengend. Nun taucht zum ersten Mal der Anblick eines tosenden Ozeans auf, der uns den ganzen Weg nicht mehr verlassen wird. Es hat den Anschein, als wären seine gewaltigen Wellen urplötzlich zu Fels erstarrt. Links von uns steht die Riesenwelle des Ifenrückens, in dem Moment eingefroren, in dem sie sich überschlagen hat. Sogar die Gischt liegt – in Form von Bruchsteinen – noch am Boden.

Rechts erhebt sich eine zu Fels gewordene kleinere Welle, das Tal zwischen beiden ist die Ifenmulde, in der wir nach oben steigen. An der Abzweigung zum Hohen Ifen vorbei, gehen wir immer geradeaus. Der Weg ist nie zu verfehlen, bis wir zur **Bergstation des Sessellifts** (2.45

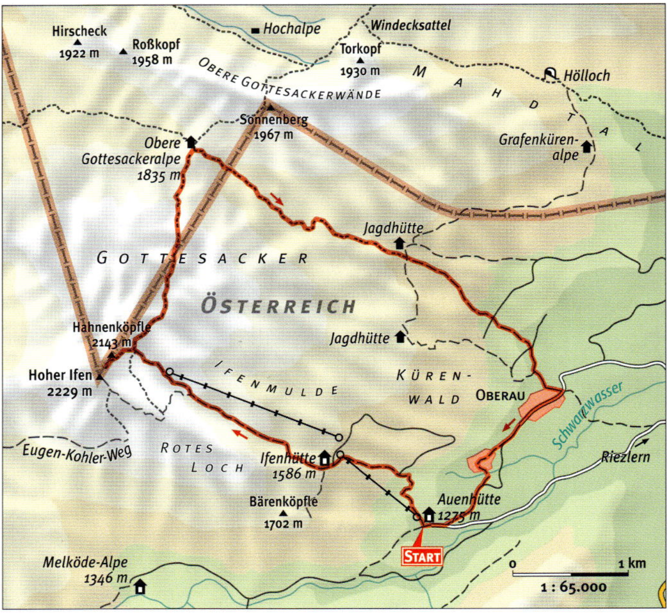

Std.) kommen, die im Sommer verlassen auf einem kleinen Felsbuckel steht. Von dort aus sehen wir unser erstes Ziel unmittelbar vor uns liegen. Über einen Steig, der an die von Trockenmauern gesäumten Wege des Südens erinnert, hier aber ohne Zutun der Menschen entstanden ist, sind wir schnell auf dem Gipfel des **Hahnenköpfles** (3 Std.).

Der Gipfel ist nur eine kleine Anhöhe, die etwa 50 m aus einer gewaltigen Steinwüste ragt. Der Eindruck des erstarrten toten Meeres drängt sich hier noch stärker auf. Im Norden recken sich zwei weitere riesige Wellenzüge über die Hochfläche, unter uns liegt der bleiche Kalk, zerrissen und zerklüftet, an manchen Stellen ohne jede Vegetation. Gigantische Ausmaße hat dieses steinerne Chaos, nur ganz fern im Westen sieht man die Bregenzer Grasberge aufragen, die mit ihrem

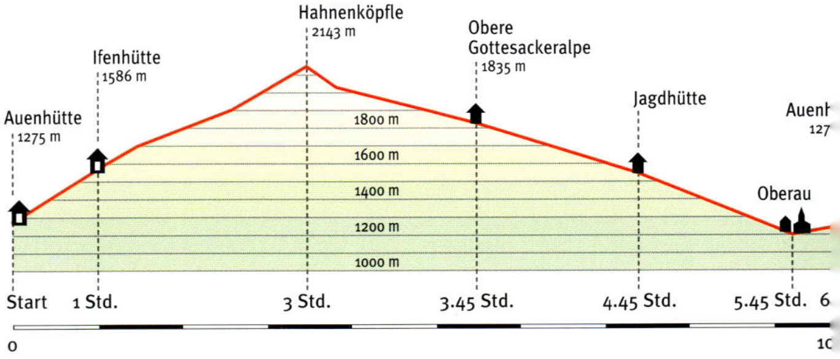

Rast zwischen den zerrissenen Kalksteinformationen des Gottesackerplateaus

lebhaften Grün das Auge wenigstens etwas beruhigen.

Um diese Steinwüste zu durchqueren, müssen wir zu der verlassenen **Liftstation** zurückkehren. Hier beginnt eine sehr deutliche **gelbe Markierung,** der wir genau folgen. Versucht man nämlich, direkt zu dem von oben deutlich sichtbaren Weg abzusteigen und den Umweg über das Lifthaus zu sparen, muß man unter Umständen unten lange kreuz und quer nach dem Weg suchen, weil es keinerlei Orientierungspunkte gibt. Bei plötzlich hereinbrechendem schlechtem Wetter oder gar aufziehendem Nebel kann das äußerst gefährlich werden!

Wir wandern also den gelben Strichen nach, die im Nebel besser zu sehen sind als die üblichen roten Markierungen. Über ein paar Höhenzüge aus emporgequollenem Urgestein kommen wir von Felswelle zu Felswelle zur verfallenen **Oberen Gottesackeralpe** (3.45 Std.). Der Weg ist fast eben, er erfordert keine besondere Mühe, nur die Vorsicht, in keine der Spalten zu treten.

An der Alpe, übrigens ein idealer Rastplatz, biegt der Weg rechts ab und führt, zuerst am rechten Hang, dann auf dem Talboden, durch die wilde Steinschlucht des **Gottesakkerlochs** mit Wänden aus weißem Kalk gemächlich abwärts. In der Schlucht ist die Markierung wieder im üblichen Rot.

Nach einer Stunde Weg taucht eine kleine **Jagdhütte** (4.45 Std.) auf, die wir rechts liegenlassen. Langsam kommen wir in den Wald, endlich gibt es Schatten. Ein paar Windbrüche sind zu umgehen, trotzdem ist der Weg nie zu verfehlen. Wir überqueren eine Forststraße und gehen in gleicher Richtung weiter abwärts, bis wir wieder auf eine Waldstraße stoßen, die sich an dieser Stelle gabelt. Wir nehmen den Weg nach unten, gehen an einer großen gelben Felswand vorbei, von der man einen ›Postkartenblick‹ auf Riezlern und die Kanzelwand hat, und kommen in **Oberau** an die Autostraße (5.45 Std.).

Der kaum befahrenen Teerstraße folgen wir nach rechts, gehen am **Haus Küren** vorbei zu einem Wegweiser, der uns die Richtung zur Auenhütte zeigt. Noch ein Stückchen Teerstraße, dann wandern wir auf einem schmalen Fußweg durch Wiesen und lichten Wald, bis wir zum Parkplatz an der **Auenhütte** (6 Std.) zurückkommen.

Tour 22

Ein Kleinod des Allgäus

Von der Breitachklamm nach Rohrmoos

Der ausgedehnte Nachmittagsspaziergang führt nach Rohrmoos. Das winzige Dorf überrascht mit einer nahezu einmaligen Kapelle, die in der zweiten Hälfte des 16. Jh. der Fürst von Waldburg stiftete, um eine Andachtsstätte in seinen Jagdrevieren zu haben.

DIE WANDERUNG IN KÜRZE

+ Anspruch

3.30 Std. Gehzeit

10 km Länge

Charakter: Einfache Halbtageswanderung auf breiten, bequemen Wegen; auch mit dem Kinderwagen möglich

Wanderkarte: Umgebungskarte 1:50 000 Allgäuer Alpen

Einkehrmöglichkeit: Gasthof Rohrmoos

Anfahrt: Busverbindung von Oberstdorf zum Parkplatz an der Breitachklamm; mit dem **Auto** von Oberstdorf auf der B 19 Richtung Sonthofen, hinter der Brücke über die Breitach links ab und am Fluß entlang zurück nach Mittwänden zum Parkplatz an der Breitachklamm

Achtung: Sperrung des Rautweges vom 1. 11. bis 15. 5.; Rückweg in dieser Zeit über die Fahrstraße entlang der Starzlach

Vom Parkplatz an der **Breitachklamm** steigen wir den steilen, aber breiten Weg bei der **Christophoruskapelle** nach oben Richtung ›Alpe Dornach‹ und ›Berggasthof Sesselalpe‹, bis wir an eine Teerstraße kommen. Dieser folgen wir in Richtung **Sesselalpe** (30 Min.). Von ihr aus hat man einen selten schönen Blick auf Tiefenbach und auf das Illertal vom Grünten (Tour 12) über die Sonnenköpfe (Tour 14) bis zum Nebelhorn.

Unsere Straße führt an der Alpe vorbei, nach einer Serpentine kommen wir im Buchwald an eine **Diensthütte.** Kurz dahinter biegen wir rechts ab und gehen an der **Scheidthalalpe** (1 Std.) vorbei noch einige Meter aufwärts. Die großen, soliden Jägerstände, die in Abständen am Weg stehen, gehören dem

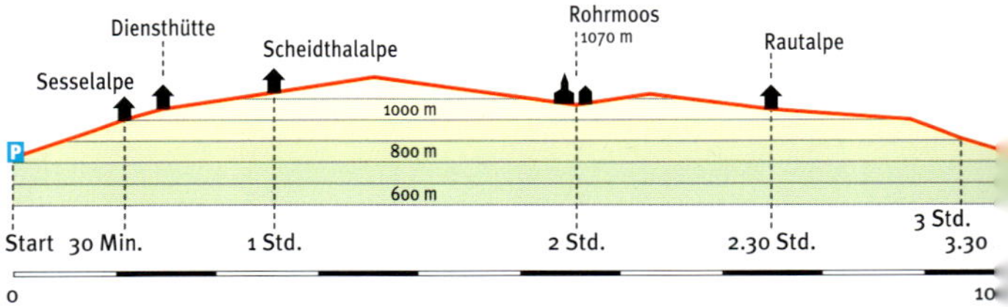

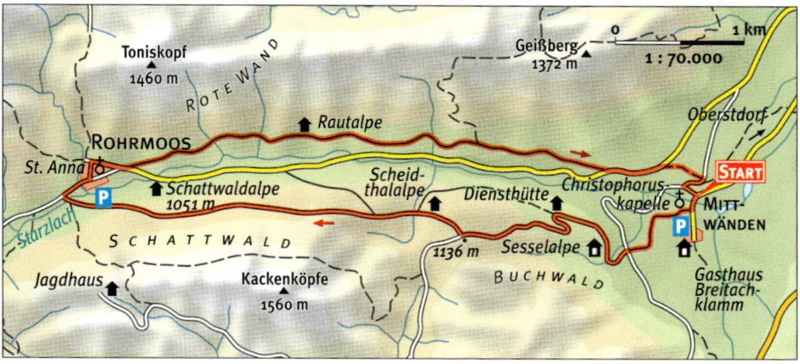

Fürsten von Waldburg, der hier immer noch sein privates Jagdgebiet hat.

Der Weg neigt sich am Hang entlang langsam abwärts, bis wir die paar Häuser von Rohrmoos unter uns liegen sehen. Auf der Höhe über dem Tal gehen wir zunächst am Ort vorbei, dann wendet sich das Sträßlein, so daß wir nun von Westen auf **Rohrmoos** (2 Std.) zu kommen.

Dort können wir die kleine **Annakapelle** mit ihren wunderbaren Malereien im Inneren besichtigen und dem **Wirtshaus** einen Besuch abstatten. Wenn Sie zu der Wanderung erst am späteren Nachmittag aufbrechen, so sind bis dahin fast alle Tagesgäste aus der Wirtsstube verschwunden, und sie ist fast leer. Vielleicht können Sie an einem der Ecktische Platz nehmen und so den ganzen Raum bewundern. Der Wirt meint, die Ausstattung stamme aus dem 16. Jh., andere machen die Stube noch älter. Wie dem auch sei, man kann sich ihrem Zauber nicht entziehen.

Für den Rückweg benutzen wir den **Rautweg,** eine Alpstraße auf der nördlichen Seite des Baches. Er zweigt von der Fahrstraße kurz hinter Rohrmoos links ab. Es ist ein gepflegter Weg, der sich, bis auf eine kleine Steigung am Anfang, immer eben oder leicht abwärts den Hang entlang zieht. Im Herbst ist es durchaus möglich, daß Sie in der Dämmerung mitten in die Hirschbrunft kommen. Das wilde, fast unheimliche Röhren der liebestollen Hirsche ist dann deutlich aus dem Wald zu vernehmen.

Wir kommen an der **Rautalpe** (2.30 Std.) vorbei. Sie ist, eine Seltenheit in dieser Region, zweigeteilt. Links vom Weg steht das Wohnhaus und rechts der uralte, in Blockbauweise errichtete Stall, das Dach mit Legschindeln gedeckt und mit Steinen beschwert. Der Weg führt weiter durch den Wald und senkt sich dann zur **Mautstraße** hin ab (3 Std.).

Wir müssen etwa 500 m an der Straße entlanggehen, dann können wir rechts abbiegen (Wegweiser zur Breitachklamm) und kommen, über die Wiesen, wieder zu einem Teersträßlein. In dieses biegen wir rechts ein, steigen den Hang hinunter, gehen an der nächsten Straße wieder links und sehen nach etwa 100 Metern den **Parkplatz** an der Breitach liegen (3.30 Std.).

Die Annakapelle in Rohrmoos

Eine kunstgeschichtliche Rarität ersten Ranges finden wir in Rohrmoos.

Hochaltar und Chorraum der Annakapelle in Rohrmoos

Hier steht die 1568 ganz aus Holz erbaute Annakapelle. Außen völlig unscheinbar, immer noch mit Holz verkleidet, birgt sie im nachträglich verputzten Inneren einen wahren Schatz. Ein unbekannter Künstler hat hier 1587 einen Bildzyklus gemalt, der nahezu einmalig ist. Es gibt nämlich wohl keine andere Kirche im Süden Deutschlands, in der ein solcher Zyklus aus dieser Zeit praktisch vollständig erhalten ist.

Den Auftrag für den Bau dieses Kirchleins erteilten die Erbtruchsessen von Waldburg, die hier die Grundherren waren und denen auch heute noch ein guter Teil des Waldes um Rohrmoos gehört. Ihre Stifterwappen finden wir am Chorbogen über dem kleinen Flügelaltar, in dessen Schrein eine Kreuzigungsgruppe dargestellt ist.

Das große Bild an der Westwand über dem Eingang stellt das Jüngste Gericht dar. In der Mitte thront Christus als Weltenrichter, umgeben von mehreren Engeln und Heiligen. Darunter wird die Schar der Auferstandenen in Gut und Böse getrennt. Die Wände tragen ebenfalls Bilder von Heiligen und Szenen aus dem Marienleben.

Übers Moor zum Gipfel

Von Rohrmoos auf den Piesenkopf

So unauffällig der Piesenkopf zwischen den vielen Voralpengipfeln steht, so abwechslungsreich ist der Weg auf ihn. Bergwälder und Alpweiden, ein großes Moor und eine Bergkäserei lassen keine Langeweile aufkommen.

DIE WANDERUNG IN KÜRZE

++ Anspruch

5 Std. Gehzeit

600 m An-/Abstieg

Charakter: einfache Bergtour, die allerdings etwas Orientierungssinn verlangt; Alpstraßen, Bergpfade und unmarkierte Pfadspuren

Ausrüstung: wasserdichte Bergschuhe für die Überquerung des Ziebelmooses dringend empfohlen

Wanderkarte: Umgebungskarte 1:50 000 Allgäuer Alpen

Einkehrmöglichkeiten: Neue Piesenalpe (nur im Sommer), Gasthof Rohrmoos

Anfahrt: keine Verbindung mit öffentlichen Verkehrsmitteln nach Rohrmoos; mit dem **Auto** von Oberstdorf auf der B 19 Richtung Sonthofen, hinter der Brücke über die Breitach links nach Tiefenbach und Rohrmoos; großer Parkplatz in Rohrmoos (Achtung: Mautstraße, Mautkarte am Automat lösen)

Achtung: Auf keinen Fall nach langen Regenperioden oder bei schlechter Sicht gehen, Gefahr des Einsinkens im Moor bzw. des Verlaufens!

Wir beginnen unsere Wanderung am Parkplatz von **Rohrmoos,** gehen am Gasthaus vorbei und biegen zwischen Stadel und Wohnhaus rechts auf den Alpweg ein. Der Weg endet schnell, von hier aus geht es auf ganz schwach sichtbaren, nicht markierten Steigspuren über die Alpwiese bergauf. Die Wegrichtung gibt uns ein großer, einzeln stehender Bergahorn vor, der oben, fast am höchsten Punkt der Weide steht. Direkt darüber befindet sich ein Weideschlupf. Von ihm aus steigen wir im Mischwald auf einem alten, zum Teil tief eingeschnittenen Weg bis zu den Wiesen der Toniskopfalpe nach oben. Links vor uns taucht die Kindsbangetalpe auf. Der Weg zieht sich am Waldrand entlang und wird nach einer Viehtränke breiter. Schließlich bringt er uns direkt zur **Toniskopfalpe** (50 Min.).

Hier beginnt eine geteerte Alpstraße, die uns nach einer Linkskurve über ein Hochmoor führt. Bei der Straßengabelung gehen wir noch ca. 100 m nach rechts und biegen dann links in die ebenfalls geteerte Forststraße ein, die sich den Berg hinaufzieht. In steilen Serpentinen gewinnen wir rasch an Höhe, bei einem

Silberdisteln im Hochmoor an der Alten Piesenalpe

Holzplatz endet der Teer, und wir wandern auf einer Schotterstraße weiter. Links unter uns beginnt das ausgedehnte Ziebelmoos, das wir überqueren müssen. Den richtigen Einstieg dazu finden wir ca. 100 m vor dem Ende der Straße auf der linken Seite (1.40 Std.). Die Stelle wird von einem **Jägerstand** markiert, der fast am Boden steht, außerdem sind links von der Straße zwei rote Pfosten in den Boden gerammt.

Hier können wir es riskieren, über das **Ziebelmoos** zu wandern – aber nur, wenn die Sicht gut ist und wenn es die letzten Tage nicht zu stark geregnet hat! Bei Nebel besteht die Gefahr, sich im Moor zu verlaufen, denn der Weg ist nur durch ein paar rote Pfosten markiert. Nach längeren Regenperioden bräuchte man hohe Gummistiefel, um trocken über das Moor zu kommen.

Wir folgen den roten Markierungspfosten. Dabei tun Teleskopstöcke einen guten Dienst, die es erleichtern, von einem halbwegs trockenen Graswasen zum andern zu springen. Nach einer knappen halben Stunde geht es leicht aufwärts, gleichzeitig wird es etwas trockener. Wir übersteigen einen Weidezaun und wandern jetzt in der Kampfzone des Waldes, wo nur mehr verkrüppelte Latschen wachsen. Im späten Frühjahr blühen hier Alpenrosen und Enziane, im Herbst Silberdisteln und Erika. Vor uns liegt der Piesenkopf, darunter die Alte Piesenalpe, die inzwischen als Stall wieder aufgebaut ist

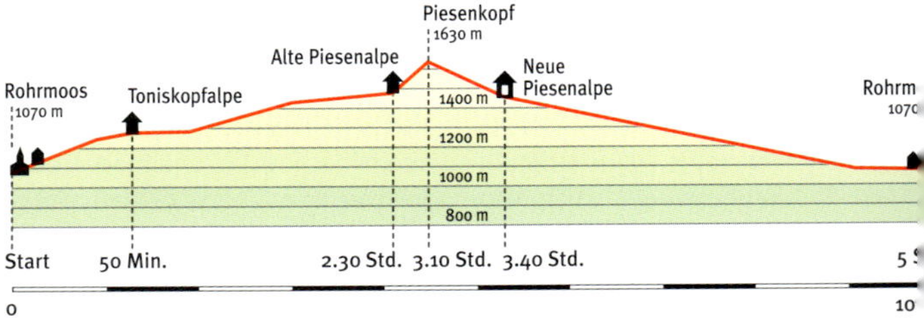

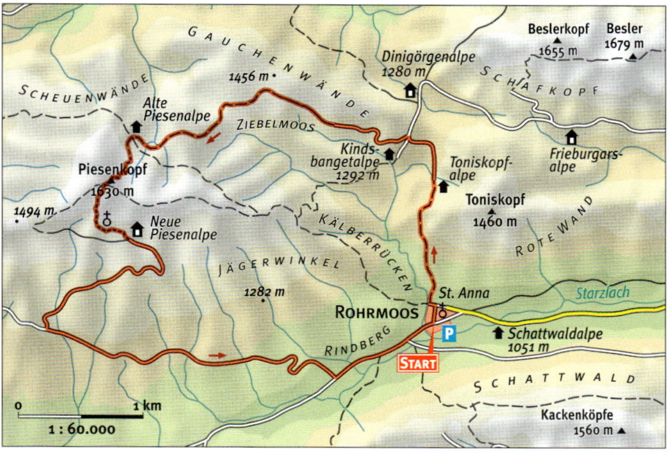

– in den meisten Karten ist sie noch als ›verfallen‹ eingetragen. Der Weg führt in weitem Rechtsbogen auf sie zu, so vermeidet er sumpfige Stellen im Boden.

Wir gehen am Stall der **Alten Piesenalpe** (2.30 Std.) vorbei, schräg auf den Hang des Piesenkopfs zu. Dort umrunden wir einen Grasrücken, der sich von links herunterzieht und beginnen weglos den Aufstieg. Die wenigen roten Pfosten, die am Hang eingeschlagen sind, können die Orientierung etwas erleichtern. Verlaufen kann man sich dabei nicht, denn wenn man nur immer nach oben geht, kommt man automatisch am Gipfel des **Piesenkopfs** (3.10 Std.) an und ist ganz überrascht, wie steil die Südflanke des Berges abfällt. Ein Zaun muß die Weidetiere vor dem Absturz sichern.

Im Norden sehen wir die Nagelfluhkette, die sich vom Hohen Häderich bis zum Mittagberg bei Immenstadt zieht (Tour 26 und 28), davor liegt das Riedberger Horn (Tour 24). Direkt im Süden ragt der Hohe Ifen (Tour 20) über den Gottesackerwänden empor, dann folgen im Osten die Berge um Oberstdorf. Ganz im Westen glänzt der Bodensee.

Der Abstieg vom Gipfel führt zunächst rechts nach Westen (nicht links den Gipfelgrat entlang!) steil abwärts, dann wendet sich der Weg nach Süden. Über Alpwiesen erreichen wir zuerst die Bergkapelle der **Neuen Piesenalpe** und dann die Alpe selbst (3.40 Std.). Natürlich lädt sie zu einer Rast und einer guten Brotzeit ein. Hier wird noch täglich vom Senner gekäst, nirgends schmecken Allgäuer Bergkäse und Buttermilch so gut wie hier oben.

Der Rest des Weges ist einfach: Wir wandern auf dem geteerten Wirtschaftsweg in vielen Schleifen abwärts, kommen an uralten, mächtigen Fichten vorbei, durchqueren wieder, aber diesmal trockenen Fußes, ein paar kleine Hochmoore und laufen über ungezählte große und kleine Bäche, bis wir schließlich die **Talstraße** an der Starzlach erreichen. Hier wenden wir uns nach links und sind in knapp 10 Min. zurück in **Rohrmoos** (5 Std.).

Kletterfreuden

Von Bolsterlang über den Großen Ochsenkopf zum Riedberger Horn

Besonders bei Kindern ist diese Tour beliebt, verspricht sie doch abenteuerliche Klettereien über ›steile Felswände‹. Erwachsene schätzen sie wegen ihres einzigartigen Ausblicks über das Illertal, das wie ein aufgeklapptes Bilderbuch tief unten liegt.

DIE WANDERUNG IN KÜRZE

++ Anspruch

4 Std. Gehzeit

900 m Abstieg

Charakter: relativ kurze Ganztageswanderung, bei der man an einigen Stellen etwas über Fels klettern muß; ansonsten bequeme Bergwege und Alpstraßen

Wanderkarte: Umgebungskarte 1:50 000 Allgäuer Alpen

Einkehrmöglichkeiten: Schwabenhaus, Obere Bolgenalpe, Zunkleitenalpe

Anfahrt: Busverbindungen von Oberstdorf über Fischen und von Sonthofen nach Bolsterlang; mit dem **Auto** von Sonthofen auf der B 19 Richtung Oberstdorf, am Ortseingang von Fischen rechts ab Richtung Bolsterlang; in Bolsterlang vor der Kirche links bergauf zum Parkplatz der Hörnerbahnen oberhalb des Ortes

Von **Bolsterlang** fahren wir mit den Hörnerbahnen in gut 20 Min. auf 1500 m Seehöhe. Damit haben wir uns einen guten Teil des Anstiegs gespart. Die Aussicht von der Bergstation auf das Illertal ist großartig, es bietet sich geradezu ein Bilderbuchpanorama des Allgäus: Verstreute Dörfer mit ihren Kirchen liegen inmitten von Feldern, die von Büschen oder Bäumen eingerahmt werden, selbst die Kühe auf der Weide sind deutlich zu erkennen. Von hier aus sehen wir auch recht schön die beiden Gipfel, die wir heute noch besteigen werden: Rechts, über dem

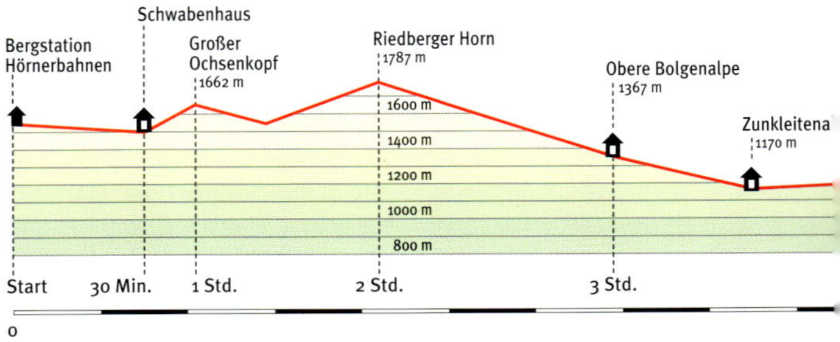

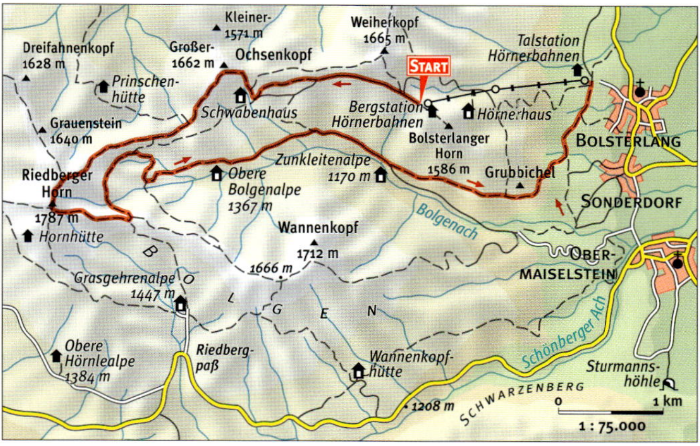

Schwabenhaus, erhebt sich der Große Ochsenkopf, ein Grat verbindet ihn mit dem Riedberger Horn, das ganz hinten im Talschluß aufragt.

Von der **Bergstation** wandern wir fast eben zum **Schwabenhaus,** das wir in einer guten halben Stunde erreichen, wenn wir den oberen Weg benutzen. Ein Marterl für den verunglückten Wirt des Schwabenhauses erinnert daran, daß dieser Weg, der im Sommer so harmlos aussieht, im Winter ziemlich gefährlich werden kann.

Die meisten Wanderer, die das Riedberger Horn besteigen wollen, gehen am Schwabenhaus vorbei geradeaus weiter. Das ist ein sehr einfacher Weg, der Sie aber um manch schönen Blick bringen würde. Für Kinder ist er ohnehin zu langweilig. Wir biegen deshalb unmittelbar vor dem Schwabenhaus rechts ab und steigen gut 100 Höhenmeter steil auf, bis wir auf den ausgetretenen Pfad kommen, der vom Weiherkopf herüberführt. Diesem folgen wir westwärts (nach links) und sind rasch am Gipfel des **Großen Ochsenkopfes** (1 Std.). Das Gipfelkreuz ist mit Stacheldraht eingezäunt, nicht um es vor Diebstahl zu schützen, sondern vor dem Wild und dem Weidevieh. Die Tiere würden sich solange an den scharfen Kanten des Balkens wetzen, bis er umfällt. Im Norden steht über dem Tal der Gunzesrieder Ache die ganze Nagelfluhkette. Vor allem der Weg vom Mittagberg zum Stuiben (Tour 26) ist deutlich zu verfolgen.

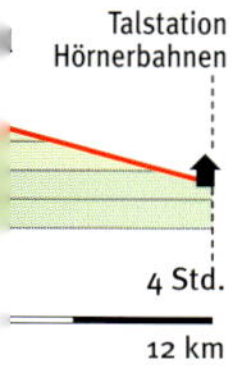

Vom Großen Ochsenkopf gehen wir dann etwas abwärts durch ganze Felder von Heidelbeerbüschen auf ein kleines Hochmoor zu, dessen Wasseraugen selbst im regenärmsten Sommer nicht austrocknen. Versuchen Sie aber nicht, darin zu baden, Sie werden den Schlamm den ganzen Tag nicht mehr los! Wir wandern immer am Grat entlang, an der Abzweigung zur Prinschenhütte vorbei, die tief unten am Rande eines zweiten Hochmoors steht. An manchen Stellen des Grates muß man etwas klettern – einfach und ganz ungefährlich, aber für Kinder immer ein Erlebnis.

In einer guten Stunde (vom Ochsenkopf aus) sind wir dann am **Riedberger Horn** (2 Std.) angelangt. Tief unter uns liegt das Grasgehrenhaus, das man über die Riedberg-Paßstraße bequem mit dem Auto erreichen kann. Von dort aus kommen sehr viele Wanderer auf das Riedberger Horn, denn es ist der kürzeste Anstieg. (Für Eltern mit kleineren Kindern durchaus zu empfehlen.) Im Süden stehen wie riesige Wälle die mächtigen Gottesackerwände, im Westen sieht man die Schweizer Alpen, den Säntis und den Altmann. Ein wunderschönes Panorama, für das Sie sich Zeit lassen sollten!

Der Abstieg ist einfach. Wir nehmen zunächst den Weg in Richtung Bolsterlang, Panoramaweg. An einem **Sattel** (2.15 Std.) biegen wir links ab und umrunden gut zur Hälfte den Talschluß der Bolgenach in Richtung Schwabenhaus, bis wir zu einem Wegweiser kommen, der uns Richtung Sonderdorf weist. An einer großen Melkhütte vorbei, kommen wir auf eine Alpstraße, die stellenweise sogar geteert ist. Kurz danach taucht die **Obere Bolgenalpe** (3 Std.) auf. Spätestens hier ist eine ausgiebige Brotzeit fällig, die wir uns jetzt auch verdient haben!

Der Weiterweg auf der Alpstraße ist jetzt nicht mehr zu verfehlen. Wir wandern bergab zur ebenfalls bewirtschafteten **Zunkleitenalpe** und verlassen dort nach links die Alpstraße. Auf dem neu gebauten Panoramaweg geht es jetzt zum **Grubbichel** (3.30 Std.), der von den Einheimischen »Sonderdorfer Kreuz« genannt wird. Dort wendet sich der Weg nach links, in etwa 30 Min. haben wir die **Talstation der Hörnerbahnen** (4 Std.) wieder erreicht.

Eiszeitliche Talformen

Bolsterlang liegt am Fuß der Hörnergruppe auf einer leicht hügeligen Hochebene über der tiefer fließenden Iller. Diese Talform ist für flußdurchströmte Alpentäler charakteristisch. Geologisch gesehen, ist sie sehr jung, denn sie ist erst nach der letzten Eiszeit entstanden. Während der Eiszeit wurde das Tal von den Gletschern bis auf den felsigen Grund ›ausgeräumt‹. Beim Rückzug des Eises blieben Geröll und Felsschutt mehrere hundert Meter hoch liegen. So entstand die Ebene, auf der heute beispielsweise Bolsterlang oder Schöllang liegen. Die Iller transportierte dann das abgelagerte Geröll aus dem Tal. Dabei grub sie sich immer tiefer in den Untergrund ein, und es entstanden zwei Ebenen im Tal: die tiefergelegene Flußaue, die früher ständig von Überschwemmungen bedroht war und deshalb höchstens von Fischern besiedelt wurde, und die Hochebene, die als Bauernland genutzt werden konnte.

Zum ältesten Baum Europas

Von Balderschwang auf den Siplinger Kopf

Die berühmte Eibe von Balderschwang soll mehr als 2000 Jahre alt sein. Es ist ein eigenartiges Gefühl, vor einem Lebewesen zu stehen, das in diesem für Menschen unvorstellbaren Zeitraum nicht nur gelebt hat, sondern bis heute immer noch Nachkommen hervorbringt.

DIE WANDERUNG IN KÜRZE

++ Anspruch

4 Std. Gehzeit

700 m An-/Abstieg

Charakter: kurze Ganztageswanderung, die beim Gipfelanstieg Schwindelfreiheit und Trittsicherheit erfordert; bequeme Bergwege und Alpstraßen

Ausrüstung: evtl. Reepschnur zur Sicherung von Kindern beim Aufstieg über den Grat auf den Siplinger Kopf

Wanderkarten: Umgebungskarten 1:50 000 Allgäuer Alpen oder Lindau–Oberstaufen und Umgebung

Einkehrmöglichkeiten: Obere Wilhelminealpe, Untere Balderschwanger Alpe, Gasthöfe in Balderschwang

Anfahrt: Busverbindung von Oberstdorf über Fischen nach Balderschwang; mit dem **Auto** von Sonthofen auf der B 19 Richtung Oberstdorf, am Ortseingang von Fischen rechts ab Richtung Obermaiselstein, weiter über den Riedbergpaß und die Riedbergstraße nach Balderschwang; Parkmöglichkeit am Straßenrand beim Hof ›Bim Schwarze Stürer‹, kurz vor Balderschwang

Am Dorfeingang von **Balderschwang** steht der prächtige Bauernhof **›Bim Schwarze Stürer‹.** Kurz vor dem Hof führt uns ein geteertes Alpsträßlein aufwärts. Der Belag ist übrigens kein überflüssiger Luxus, sondern heute eine fast zwingende Notwendigkeit. Eine ungeteerte Straße müßte jedes Jahr mindestens einmal ausgebessert werden. Das erfordert viele Arbeitsstunden und damit erhebliche Lohnkosten, das erforderliche Material gar nicht gerechnet. Keine Alpgenossenschaft könnte sich das heute noch leisten!

Das Sträßlein (es ist für den öffentlichen Verkehr gesperrt) führt in einer leichten Rechtskurve nach oben. Etwa 100 m nach dieser Biegung müssen Sie aufpassen: Links oben am Hang, knapp 50 m vom Weg entfernt, steht ein Baum, der von weitem gesehen zwei Stämme zu besitzen scheint und sich deutlich von den Bäumen der Umgebung abhebt. Es handelt sich um eine **Eibe.** Fachleute behaupten, sie sei etwa 2000 Jahre alt, womöglich sogar noch wesentlich älter. Wenn wir nähertreten, sehen wir, daß beide

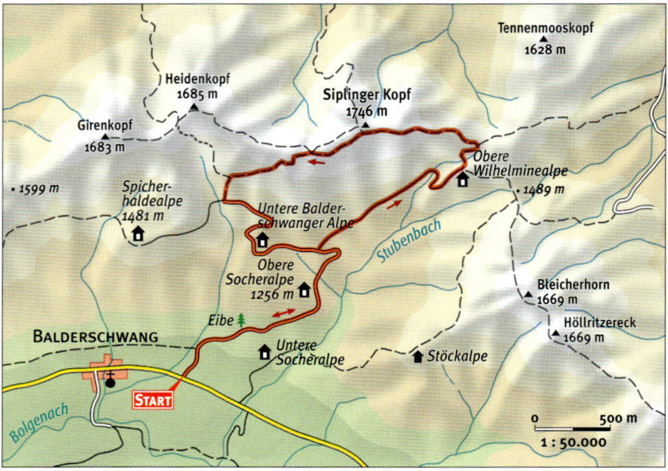

Stämme aus einer Wurzel kommen. Einst muß dieser Baum einen einzigen gewaltigen Stamm gehabt haben, der später in der Mitte hohl wurde. Dieser Teil ist abgestorben und ausgefault, übrig blieben die beiden Hälften, die sich zu zwei Stämmen geschlossen haben und weiter Zweige, Nadeln und die charakteristischen roten Früchte tragen. In Balderschwang sagt man, dieser Baum sei das älteste Lebewesen Europas. Ob das stimmt, sei dahingestellt, es tut der Ehrfurcht, die man unwillkürlich empfindet, keinen Abbruch.

Der Weg führt langsam aufwärts und an der **Oberen Socheralpe** vorbei. Kurz hinter einer Spitzkehre zweigt rechts der ungeteerte uralte Alpweg ab, der zur **Oberen Wilhelminealpe** (1.30 Std.) führt. Dort gehen wir zunächst über die Wiesen, den roten Pfosten folgend, bis zu einer **Krüppelfichte,** die direkt an dem Steilhang steht, der nach Norden ins Gunzesrieder Tal abfällt.

Dann geht es sehr steil nach oben. Von der Alpe aus konnte man kaum glauben, daß sich durch den Wiesenhang noch ein Weglein ziehen könnte. Und doch kann man hier aufsteigen, ein wenig anstrengend zwar, aber ohne jede Gefahr. Eine knappe Stunde dauert die Kraxelei noch, dann stehen wir auf dem Gipfel des **Siplinger Kopfes** (2.30 Std.).

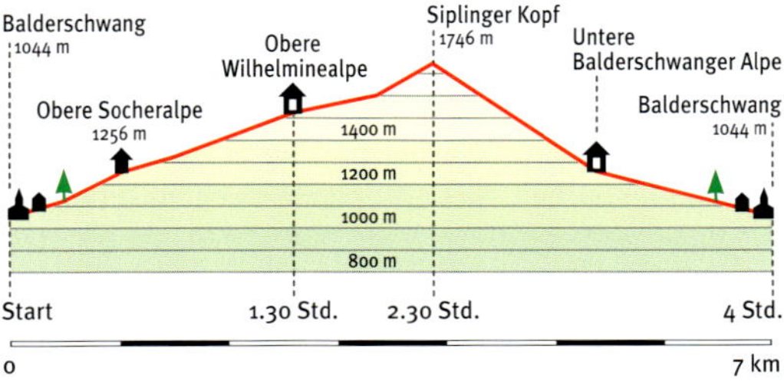

Variante: Wer einen bequemen Weg vorzieht und seiner Trittsicherheit nicht traut, der geht auf der Teerstraße weiter und biegt nicht zur Oberen Wilhelminealpe ab. So erreicht man den Gipfel auf dem Abstiegsweg.

Die Sicht vom Gipfel des Siplinger Kopfes ist deshalb so großartig, weil kein höherer Berg in der Nähe den Blick verstellt. Um nur die markantesten Gipfel zu nennen, die an einem schönen Tag zu identifizieren sind: die Nagelfluhkette im Norden (Tour 26 und 28), weit hinten im Westen der Säntis und der Altmann, die beiden bekannten Schweizer Aussichtsberge. Weiter links folgt die schneebedeckte Schesaplana und die Zimbaspitze aus dem Rätikon. Im Süden, ganz nahe unter uns, liegen die Bergwälle des Gottesackerplateaus (Tour 21) und der Hohe Ifen (Tour 20) mit seinem unverkennbaren Sägezahndach, rechts davon der Biedanskopf aus dem Bregenzer Wald. Links vom Hohen Ifen, durch seine Größe nicht zu verkennen, steht der Widderstein (Tour 19) und dahinter, wie ein Stockzahn, der Patriol aus der Verwallgruppe. Dann folgen in geschlossener Formation die Spitzen der Allgäuer Hochalpen: Biberkopf, Hochwappenkopf, Rotgundspitze und schließlich die Mädelegabel mit ihrer Begleiterin, der Trettachspitz. Links hinter dem Kratzer (neben der Trettachspitz), den man auf Tour 15 über das Himmeleck ganz aus der Nähe sehen kann, glänzen die Lechtaler Wetterspitz und die Passeierspitz, dann folgt die Hornbachgruppe. Schließlich beendet das Nebelhorn mit der Bergkette zum Hohen Daumen die Reihe der Allgäuer Hochalpen. Die Berge um Hindelang vor den Tannheimern und der Grünten (Tour 12) leiten in das Alpenvorland über.

Vom Gipfel aus können wir entweder den Grat weitergehen oder den kleinen Einschnitt zwischen Gipfel und Vorgipfel benutzen. Dort, wo der Grat sich am weitesten nach unten senkt, gehen wir über die Wiese auf die **Alpstraße** (3 Std.) zu, der wir dann nach unten folgen, an der **Unteren Balderschwanger Alpe** vorbei. Wir treffen auf die Abzweigung, an der wir auf dem Hinweg zur Oberen Wilhelminealpe abgebogen sind, und können den Weg nach **Balderschwang** (4 Std.) nicht verfehlen.

Balderschwang

Über viele Jahrhunderte hinweg wurde das Tal um Balderschwang nur als Jagdrevier oder als Sommerweide genutzt. Erst 1767 siedelte sich der erste Bauer ganzjährig im Tal an, weitere 15 Jahre dauerte es, bis der nächste folgte, und nochmals 25 Jahre, bis ein Wirtshaus eröffnete. Obwohl das Tal zu Bayem und damit seit dem späten 19. Jh. zum Deutschen Reich gehörte, war es doch immer nur über österreichisches Gebiet erreichbar. Daß dies der Ortsentwicklung nicht gerade dienlich war, kann man sich vorstellen.

Erst seit Dezember 1961 verbindet die Straße über den Riedbergpaß den Ort direkt mit seinem Mutterland, erst seither ist eine reguläre wirtschaftliche Entwicklung möglich. Heute spürt man nichts mehr von diesen Problemen, höchstens in positiver Weise, denn Bausünden sind hier weitgehend unterblieben.

Der Gipfel des Siplinger Kopfes ▷

Auf und ab im Nagelfluh

Von Immenstadt über den Mittagberg auf den Stuiben

Der Mittagberg ist der östlichste Gipfel der Nagelfluhkette, die sich von Immenstadt über den Stuiben und den Hochgrat etwa 25 km weit nach Westen erstreckt. Der Lift erspart uns knapp zwei Stunden Aufstieg, die wir zum Rasten und Schauen nutzen können.

DIE WANDERUNG IN KÜRZE

++ Anspruch

5 Std. Gehzeit

1000 m Abstieg

Charakter: Ganztages-Höhenwanderung, die teilweise Trittsicherheit und Schwindelfreiheit erfordert; größtenteils Bergpfade, auf dem Rückweg Wirtschaftswege

Ausrüstung: evtl. Reepschnur zur Sicherung von Kindern beim Aufstieg über den Grat zum Stuiben

Wanderkarte: Umgebungskarte 1:50 000 Allgäuer Alpen

Einkehrmöglichkeiten: Bergstation Mittagberglift, Alpe Gund

Anfahrt: Immenstadt liegt an der **Bahnlinie** München–Lindau; gute **Busverbindungen** von allen Orten der Umgebung nach Immenstadt; mit dem **Auto** von Sonthofen oder Lindau über die B 308 nach Immenstadt, dort den Schildern zur Talstation des Mittagberglifts nach, wo sich ausreichend Parkplätze befinden

Bademöglichkeit: Steigbachtobel

Von der Talstation des Mittagberglifts in **Immenstadt** schweben wir über den Schattwald auf den 1451 m hohen **Mittagberg.**

Über Grasmatten wandern wir in westlicher Richtung bis zum **Bärenkopf** (15 Min.), dessen Gipfelkreuz kurioserweise in einer Senke neben dem Gipfel steht. Hier wurde 1760 der letzte Bär des Allgäus erlegt. Schon auf diesem kurzen Wegstück beginnen wir zu ahnen, welch herrliche Aussicht uns bevorsteht.

Doch zunächst folgt einem kurzen Abstieg in eine kleine Senke erst einmal ein scharfer, schweißtreibender Anstieg direkt unter das Gipfelkreuz des Steinebergs. Wir nehmen den ›Normalweg‹, der Anstieg ›für Geübte‹ ist nämlich ziemlich ausgesetzt. Schließlich stehen wir etwa 20 Höhenmeter unterhalb des Gipfelkreuzes. Um es zu erreichen, müssen wir einen kleinen Umweg machen. Wir gehen auf einem schmalen Pfad nördlich unter dem Gipfelfelsen vorbei und finden uns nach ungefähr 200 m überraschend auf einer großen Wiese, über die wir fast eben zum Gipfel des **Steinebergs** (1.15 Std.) zurückmarschieren. Was im Norden und Osten steil und felsig aussieht, ist auf der Gegenseite ein harmloser Grasbuckel.

Das nächste Ziel, der Stuiben, ist schon im Westen zu sehen. Die Wanderung geht fast immer am Grat entlang, kritische Stellen hat der Alpenverein mit Drahtseilen gesichert. Wenn man den Weg im Frühjahr geht, durchquert man bunte Wiesen mit weißen und blauen Krokussen, Soldanellen, Aurikeln und Schusternagerln. Tief unten kann man vielleicht ein Rudel Gemsen beobachten, das vorsichtig über ein Altschneefeld wechselt.

Über eine Stunde klettern wir so auf und ab, vorbei an der Abzweigung, die direkt zur Alpe Gund hinunterführt (Wegweiser). Vor allem Kindern macht es ungeheuren Spaß, mit Hilfe der fixierten Drahtseile über ›gewaltige Wände‹ zu kraxeln. Selbst kleinere Kinder können Sie ohne weiteres mitnehmen, sie gehören jedoch durch ein Reepschnürl gesichert. Schwindelfreiheit ist jetzt aber unbedingt gefordert!

Schließlich erreichen wir den Gipfel des **Stuiben** (2.30 Std.) und genießen den grandiosen Rundblick. Von hier aus können wir die ganzen Allgäuer Hochalpen überblicken, vom Nebelhorn über die Mädelegabel und den Großen Widderstein (Tour 19) bis zu den einsamen Gottesackerwänden am Hohen Ifen. Weit aus dem Westen leuchtet der Säntis herüber, tief unter uns liegt das Gunzesrieder Tal, und darüber erheben sich die Felsnadeln des Siplinger Kopfes (Tour 25).

Vom Gipfel aus wandern wir auf nicht zu verfehlendem Weg über die Weidewiesen hinab zur **Alpe Gund** (3 Std.).

Für den Rückweg nach Immenstadt wählen wir den breiten, alten, von halbverfallenen Steinmäuerchen eingefaßten Alpweg, auf dem die Senner über Jahrhunderte hinweg alljährlich das Vieh auf die Alp trieben. Der Weg ist zwar nicht oder kaum markiert, aber dennoch nicht schwer zu finden. Wir gehen an der Ostseite der Alpe Gund weg, genau entgegengesetzt zur Alpstraße. Dort steht auch ein Wegweiser mit Aufschrift ›Immenstadt‹, dem wir folgen. Bei der Gabelung, die wir wenig später erreichen, wenden wir uns nach links, Richtung Immenstadt (nicht Richtung ›Immenstadt–Steineberg‹). An einigen Dolinen vorbei, führt der Weg bis zum sumpfigen Boden der **Hinteren Krumbachalpe** (3.30 Std.) abwärts.

Nach einer einfachen Brücke über einen Bach biegen wir links ab und steigen steil den Berg hinunter. Der Bach begleitet uns zunächst mit wilden Wasserfällen. Wir queren einen Kahlschlag, der sich als Streifen durch den Wald zieht. Eine rote Blechmarkierung (für Skiwanderer)

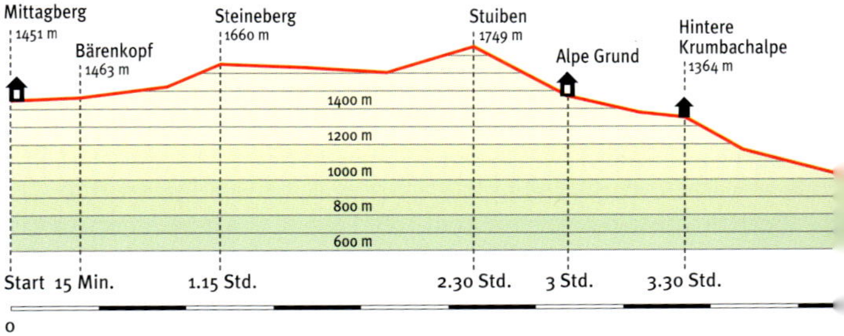

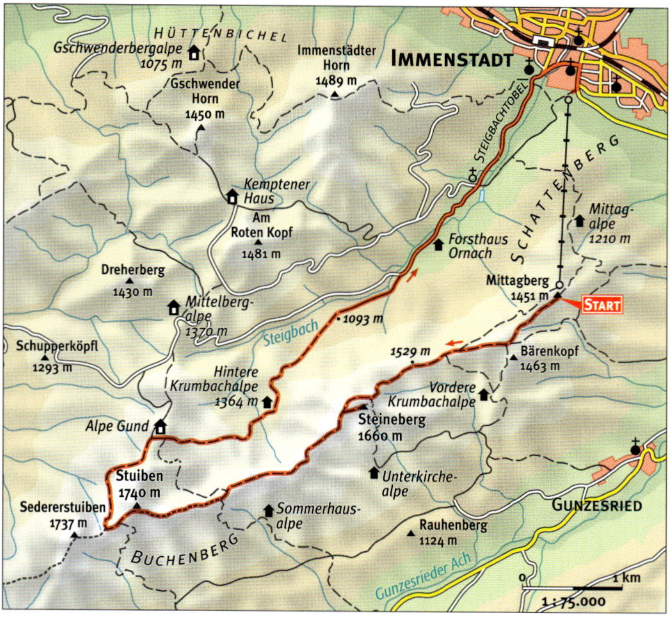

zeigt uns die Stelle, wo der Alpweg nach unten führt. Mit etwas Aufmerksamkeit kann man recht gut erkennen, wie alt dieser Weg ist, der heute kaum mehr genutzt wird. Es ist ein herrlich einsamer Pfad, die Vögel pfeifen in den Bäumen, und wenn Sie Glück haben (und nicht zu laut sind), dann quert vor Ihnen ein Rudel Rehe den Weg.

Nach einer guten Stunde treffen wir auf die Alpstraße (4 Std.), gehen am **Forsthaus Ornach** vorbei und kommen zu einer hölzernen **Kapelle,** die im Jahre 1800 dem Bauernheiligen Wendelin zu Ehren erbaut wurde. Kurz danach befindet sich auf der rechten Seite ein Wegweiser zum **Steigbachtobel.** Wer schon müde ist, kann auf dem Wanderweg oben bleiben. Viel schöner ist es aber, dem gut ausgebauten Weg unten am Steigbach zu folgen und zu sehen, wie das Wasser in wilden Kaskaden nach unten schießt und sich dann in tiefen Gumpen sammelt. In ein paar Minuten sind wir dann unten am Friedhofskirchlein von **Immenstadt** und gehen durch die Wohnsiedlung zur Talstation des Sessellifts zurück (5 Std.).

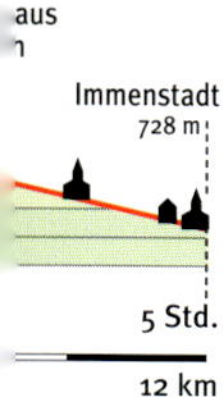

Die Nagelfluhkette

Die Bergkette, die sich etwa 25 km lang vom Mittagberg bei Immenstadt über den Stuiben und den

Letzte Schneereste auf den Wiesen der Alpe Gund

Hochgrat bis zum Hohen Häderich erstreckt, verdankt ihren Namen dem Gestein, aus dem sie besteht: Nagelfluhkette. Der Nagelfluh setzt sich eigentlich aus Schutt und Geröll zusammen, das voreiszeitliche Flüsse von den Alpen nach Norden verfrachtet hatten. Im Laufe der Jahrmillionen hat sich das Gemenge immer weiter verfestigt und eine Beschaffenheit angenommen, die in etwa der von magerem Beton entspricht. Bei der Auffaltung der Alpen wurde diese Ablagerungsschicht nach oben verfrachtet. So finden wir sie heute in Höhen bis zu 2000 m.

Das Allgäu zu Füßen

Von Immenstadt auf das Immenstädter Horn

Etliche Berge im Allgäu, die steil nach Norden abfallen, reizen durch ihre hervorragende Aussicht. Das Immenstädter Horn macht da keine Ausnahme. An klaren Föhntagen soll man von seinem Gipfel sogar das Ulmer Münster sehen können.

DIE WANDERUNG IN KÜRZE

++ Anspruch

4.30 Std. Gehzeit

750 m An-/Abstieg

Charakter: einfache Ganztageswanderung mit steilem Anstieg zu Beginn; bequeme Berg- und Alpwege

Wanderkarten: Umgebungskarten 1:50 000 Allgäuer Alpen oder Kempten und Umgebung

Einkehrmöglichkeit: Keine

Anfahrt: Immenstadt liegt an der **Bahnlinie** München–Lindau; gute **Busverbindungen** von allen Orten der Umgebung nach Immenstadt; mit dem **Auto** von Sonthofen oder Lindau über die B 308 nach Immenstadt; beste Parkmöglichkeit auf einem der Großparkplätze in Immenstadt, dann zu Fuß links am Bahnhof vorbei zum alten Friedhof, da dort kaum ein Parkplatz zu finden ist

Bademöglichkeit: Alpsee

Vom kleinen alten **Friedhof** von **Immenstadt** am Steigbach nehmen wir zuerst rechts die breite Forststraße und folgen dann wiederum rechts dem Wegweiser ›Auf das Horn‹. Dieser Weg verzweigt sich bereits nach ein paar Metern, geradeaus führt der ›Hornweg‹, auf dem wir zurückkommen werden, nach Bühl. Links steigt der direkte Weg zum Immenstädter Horn steil an, dem wir folgen.

Eine Serpentine folgt der anderen. Aber der Steig verläuft durchwegs durch den Wald, der Schatten spart manchen Schweißtropfen. Nach einer Stunde kommt man an die **Kanzel,** einen vorspringenden Felsen, der freie Sicht auf Immenstadt und den Ostteil des Alpsees gewährt. Es ist wie ein Blick aus dem Flugzeug, nur hat man beliebig lange Zeit, um zu schauen. Man kann auf der Bank sitzen und über die kleingewordene Welt unten sinnieren. Der Weiterweg wird nun sehr viel flacher, er führt durch einen hervorragend kultivierten Hochwald. Die Stämme sind so weit ausgelichtet, daß durch Selbstaussaat überall junge Bäume aufgewachsen sind. Der Sturm hat kaum eine Chance, einen dieser Bäume umzuwerfen.

Wir kommen auf eine breite Forststraße, die wir aber schon nach ca. 300 m wieder verlassen. Aber Vorsicht: Benutzen Sie nicht den aufgekiesten Holzziehpfad, der ebenfalls links abbiegt, sondern den schmalen, rot markierten Wanderweg, der Sie dann schnell zum Gipfel führt.

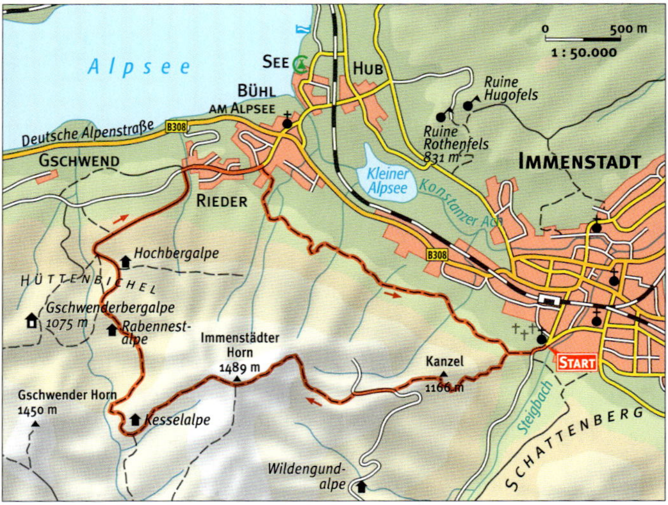

Das **Immenstädter Horn** (2 Std.) ist eigentlich nur ein flacher Wiesenberg, fällt aber nach Norden zu extrem steil und tief ab. Und genau das ergibt die einzigartige Aussicht, für die das Horn berühmt ist: nicht nur in die Weite, auf das Allgäuer Voralpenland, sondern auch in die Tiefe, steil nach unten auf den Alpsee, der uns buchstäblich zu Füßen liegt.

Nach einer ausgiebigen Gipfelpause steigen wir nach Westen zur **Kesselalpe** (2.20 Std.) ab und folgen von dort dem Weg Nr. 42 Richtung Bühl–Alpsee. Am Waldrand, etwa 5 Min. nach der Alpe, muß man gut auf die Markierung achten. Sie führt links zurück bis zum Bach. Wo dieser einen kleinen Felswall durchbricht, führt unser Weg weiter. Von nun an ist er nicht mehr zu verfehlen. An der **Rabennestalpe** und der **Hochbergalpe** vorbei, wandern wir über Alpwege durch kleine Wälder und Wiesen nach **Rieder** (3.30 Std.). Von dem kleinen Ort aus kann man schnell zum Alpsee hinuntergehen, wo es fast überall Möglichkeiten zum Baden gibt. Vom See aus kann man auch mit dem Bus nach Immenstadt zurückfahren.

Wir gehen auf der wenig befahrenen Dorfstraße durch den Ort und den Berg hinunter, bis rechts ein **Te-**

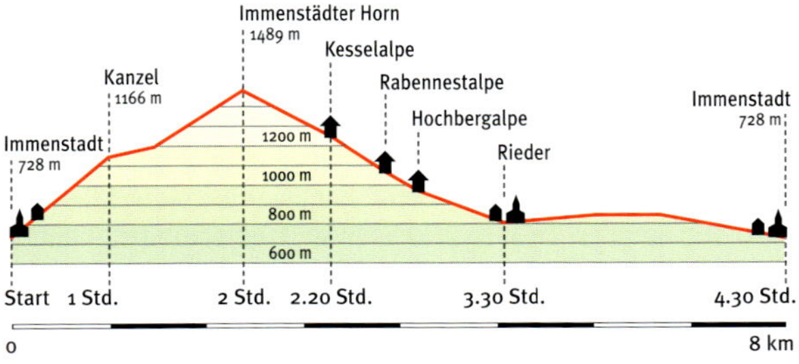

lefonhäuschen auftaucht. Dort zweigt ein wunderschöner Waldweg nach Immenstadt ab, der, zugegebenermaßen, nur den Nachteil hat, daß man zunächst noch einmal etwa 75 Höhenmeter ansteigen muß. Doch die geruhsame Waldwanderung, die jetzt fast eben den Hang entlang zurück nach **Immenstadt** (4.30 Std.) führt, entschädigt für alles.

Kunst am Immenstädter Horn

Den Allgäuern wird nachgesagt, daß sie eine künstlerische Ader hätten und Tradition und Brauchtum hochhielten. Am Immenstädter Horn steht ein Beweis dafür. Das gewaltige, 14 Zentner schwere Gipfelkreuz trägt einen hervorragend gestalteten Corpus, der vom Bildhauer und Landwirt Albert Rasch aus Bühl am Alpsee unentgeltlich geschnitzt wurde. Der Künstler setzte damit eine Familientradition fort. Schon 1928 war an der gleichen Stelle ein Kreuz errichtet worden, das sein Vater, Xaver Rasch, gefertigt hatte. Von diesem stammt übrigens auch die lebensgroße Figur des Kapuziners, der in Immenstadt am Haus der Dresdner Bank am Klosterplatz den Balkon stützt.

Blick vom Gipfel des Immenstädter Horns über das Allgäuer Alpenvorland

Gipfelpromenade

Vom Hochgrat über den Seelekopf zur Falkenhütte

Der Hochgrat mit seinem unverwechselbaren, langgezogenen Gipfel gehört zu den bekanntesten Bergen im westlichen Allgäu. Überdies ist er heute so bequem zu erreichen, daß diese Wanderung sogar an einem schönen Sommernachmittag möglich ist.

DIE WANDERUNG IN KÜRZE

++ Anspruch

3.45 Std. Gehzeit

1000 m Abstieg

Charakter: kurze, relativ einfache Ganztageswanderung auf größtenteils bequemen Bergpfaden

Wanderkarten: Umgebungskarten 1:50 000 Allgäuer Alpen oder Lindau–Oberstaufen und Umgebung

Einkehrmöglichkeiten: Staufner Haus, Falkenhütte, Obere Stiegalpe

Anfahrt: regelmäßige **Busverbindungen** von Oberstaufen zur Talstation der Hochgratbahn; mit dem **Auto** von Immenstadt auf der B 308 Richtung Lindau, auf der Höhe von Oberstaufen links ab Richtung Weißach und Steibis, durch Steibis hindurch zur Talstation der Hochgratbahn, dort ausreichend Parkplätze

Achtung: Da man am Weg kaum Wasser findet, sollte man genügend zu trinken mitnehmen!

Die kleinen Vierergondeln der modernen **Hochgratbahn** bringen uns in 20 Min. vom Parkplatz im Weißachtal zur Bergstation. Schon im oberen Drittel der Fahrt taucht auf der rechten Seite der Seilbahn die Gipfelkette auf, die das Ziel unserer Wanderung ist. Wir gehen um die **Bergstation** herum und steigen in nordöstlicher Richtung zum Gipfel des **Hochgrats** (20 Min.) auf. Hier kann man sehen, woher der Berg seinen Na-

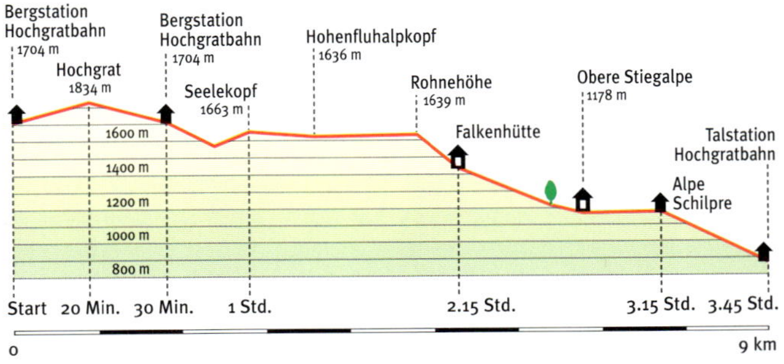

men hat: Fast senkrecht fallen die Nagelfluhwände nach Norden hin ab. Doch selbst sehr Ängstliche brauchen keine Bedenken zu haben, denn die Bahngesellschaft hat den ganzen Weg mit einem Drahtseilgeländer sichern lassen. Wer nicht ganz schwindelfrei ist, der braucht nur etwas weiter rechts zu gehen, und schon bleiben ihm unangenehme Tiefblicke erspart. Das Gipfelkreuz ist eine interessante Nietarbeit aus Eisenbändern. Es stammt vom Oberstaufener Schlossermeister Konrad Rief und wurde 1893 aufgestellt.

Rasch sind wir wieder zurück an der **Bergstation** (30 Min.). Wir wandern weiter nach Westen, auf den Seelekopf zu, dessen Gipfelkreuz wir schon vom Hochgrat aus sehen konnten. Unter uns liegt das gemütliche Staufner Haus des Alpenvereins. Links und rechts des Weges blühen im Sommer Tausende von Blumen, sogar der geschützte Türkenbund und das Knabenkraut. Zum Gipfel des Seelekopfs können wir den steileren direkten Anstieg wählen, der auch vom Hochgrat aus sichtbar ist. Etwa 20 Gehminuten nach der Bergstation zweigt er rechts am Beginn einer Bergwiese ab – ein kleiner, nicht beschilderter Pfad. Falls Sie ihn nicht finden, gehen Sie einfach über den bequemeren Weg weiter, der über die Westseite auf den Gipfel führt. Das Kreuz auf dem **Seelekopf** (1 Std.) ist ein Kriegerdenkmal für die Gefallenen der beiden Weltkriege.

Der Weiterweg ist nicht zu verfehlen, denn er führt über Hohenfluhalpkopf und Rohnehöhe immer am Bergkamm entlang, ist aber an keiner Stelle besonders ausgesetzt. Die einzige steile Stelle ist mit einer kleinen Eisenleiter entschärft, die man aber auch umgehen kann. Der angenehm schattige Weg bietet überall Rastplätze, an denen sich gut und gern mehrere Stunden verträumen lassen. Wie üblich in den Nagelfluhbergen, findet man am Weg kaum Wasser. Wenn auf der rechten Seite der Mast eines **Skiliftes** auftaucht

Tausendjährige Eibe an der Alpe Schilpre

(2 Std.), verlassen wir den Grat und steigen zur **Falkenhütte** ab (2.15 Std.).

Von der Falkenhütte folgen wir den Wegweisern Richtung Talstation über die blühenden Almwiesen abwärts, bis wir inmitten einer Weide erneut an einen Wegweiser kommen. Beide Arme zeigen zur Talstation. Wir benutzen den oberen Weg, der rechts abzweigt.

Hier erwarten uns noch zwei botanische Kostbarkeiten: alte Bäume, wie man sie sonst kaum mehr sehen kann. Die ersten stehen unmittelbar links und rechts von unserem Weg. Es sind uralte **Bergahorne,** die Stämme mit Moos bewachsen, aber immer noch mit voller Laubkrone. Ein besonders schönes Exemplar finden wir gleich unterhalb des Weges, nachdem wir durch das kleine Wäldchen gegangen sind, das zwei Weideflächen voneinander trennt. Der Baum ist innen hohl, der Senner benutzt ihn, um hier seine Zaunpfosten trocken zu lagern. Die Sagen und Märchen von Königstöchtern, die in einem hohlen Baum Zuflucht gefunden haben, kommen einem an dieser Stelle gar nicht mehr so unglaublich vor.

Wir marschieren an der **Oberen Stiegalpe** vorbei, die heute ein bewirtschafteter Berggasthof ist, und kommen auf einer Bergstraße in großem Bogen zur **Alpe Schilpre** (3.15 Std.) wo die zweite Überraschung auf uns wartet: eine tausendjährige Eibe. Von weitem sieht sie fast aus wie ein großer Busch, so unscheinbar steht sie auf der Weide zwischen dem Weg ins Tal und dem Weg, der nach rechts zum Staufner Haus hinaufführt. An ihrer leicht rötlichen Färbung ist sie leicht zu erkennen. Beim Näherkommen sehen wir, daß aus dem riesigen Stamm viele Äste und Zweige wachsen. Obwohl immer wieder abgebrochen und vom Sturm zerzaust, trägt sie frische Nadeln.

An der **Unteren Lauchalpe** vorbei, erreichen wir auf dem kleinen Teersträßlein schnell die **Talstation der Hochgratbahn** (3.45 Std.).

Aussicht auf den Hochgrat

Von Oberstaufen über die Hündlealpe zum Denneberg

Der Denneberg hat keinen so großen Namen wie etwa der Grünten oder das Nebelhorn. Dem erfahrenen Bergwanderer verspricht das traumhafte Ruhe und unberührte Natur – ein Versprechen, das dieser Berg voll und ganz hält.

DIE WANDERUNG IN KÜRZE

++ Anspruch

6 Std. Gehzeit

650 m An-/Abstieg

Charakter: längere Ganztageswanderung, die eine gewisse Ausdauer erfordert; bequeme Bergwege, im Tal größtenteils Wirtschaftswege

Wanderkarte: Umgebungskarte 1:50 000 Lindau–Oberstaufen und Umgebung

Einkehrmöglichkeiten: Hündlealpe, Hochsiedelalpe, Leutenschwandalpe, Gasthäuser in Osterdorf und Thalkirchdorf, Liftstube an der Talstation des Hündlelifts

Anfahrt: **Busverbindungen** von Oberstaufen und Immenstadt zur Talstation des Hündlelifts; mit dem **Auto** von Oberstaufen oder Immenstadt auf der B 308 bis zur Talstation des Hündlelifts zwischen Knechtenhofen und Hinterstaufen

Die **Talstation des Hündlelifts** liegt an der Deutschen Alpenstraße im Konstanzer Tal, etwa 2 km von Oberstaufen entfernt. In gut 10 Min. schweben wir über die fetten Alpwiesen hinauf zur **Hündlealpe.** Auf der rechten Seite taucht ganz in der Ferne der schneebedeckte Säntis aus den Schweizer Alpen auf. Von der Bergstation aus folgen wir zunächst den Wegweisern nach Thalkirchdorf bis zur **Hochsiedelalpe** (30 Min.).

Abstecher: Wenn Sie Lust haben, können Sie auch einen kleinen Umweg über den **Hündlekopf** machen, der nur eine Viertelstunde mehr in Anspruch nimmt. Der Aufstieg zum Gipfel zweigt kurz hinter der Hündlealpe rechts vom Weg ab und trifft vor der Hochsiedelalpe wieder auf ihn.

An der Hochsiedelalpe gehen wir oberhalb vorbei und kommen in ein paar Minuten zu einem Grashang, auf dem wir ein paar Meter bis zur **Moosalpe** absteigen müssen. Beim Überqueren des sumpfigen Talbodens ahnen wir schnell, woher diese Alpe ihren Namen hat. Von ihr aus folgen wir dem geteerten Alpsträßlein etwa 10 Min. nach oben und gehen dabei um einen kleinen Buckel herum, der ein Kreuz trägt.

Ein **Wegweiser** (1 Std.) läßt uns nach rechts Richtung Denneberg abbiegen, die rote Punktmarkierung wird uns bis zum Gipfel begleiten. Wir gehen der Trasse des Schlepp-

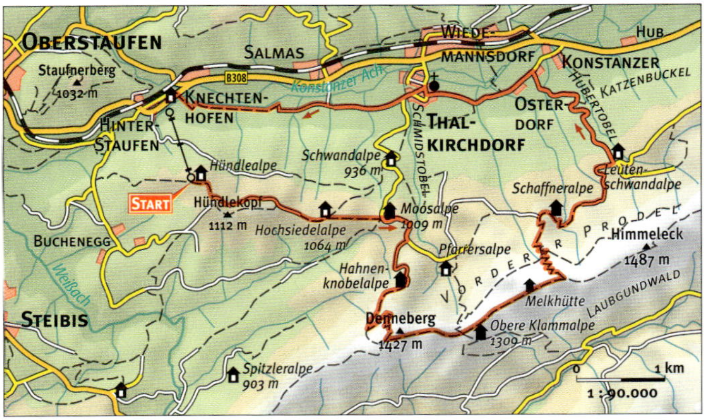

lifts bis zur schönen **Hahnenknobelalpe** (1.30 Std.) nach. Über ihrem Eingang hängt noch ein Ochsenschädel – ein Brauch, der sich bis in vorchristliche Zeiten zurückverfolgen läßt und dazu dienen sollte, Dämonen und böse Geister vom Gebäude fernzuhalten.

Von der Alpe aus folgen wir dem Weg in Richtung Lifthäusl und gehen dann auf einem schmalen, steilen Pfad durch den Bergwald auf den Gipfel des **Dennebergs** (2.30 Std.). Das Gipfelkreuz steht nicht auf dem großen Grasbuckel, der Platz für eine Mittagsrast bietet, sondern etwas weiter östlich am Berggrat, so daß es sowohl vom Konstanzer Tal als auch vom Weißachtal her gut sichtbar ist. Man sitzt hier auf einer Art Schaukanzel direkt gegenüber der Nagelfluhkette. Die Drachenflieger und Gleitschirmpiloten, die vom Hochgrat (Tour 28) aus starten, malen bunte Farbtupfer in den Himmel. Von Westen her schaut der Pfänder (Tour 35) mit seinem großen Sendeturm zu uns herüber, dahinter glänzen die Berge des Appenzeller Landes. Im Norden ist die Riedholzer Kugel (Tour 33) recht deutlich zu erkennen, und mit etwas Mühe finden wir auch die Blumenwiesen des Sonneckgrates (Tour 31) wieder. Der Aussichtsturm am Schwarzen Grat bei Isny (Tour 32) dahinter gibt die Richtung an. Im Osten erstreckt sich der Bergrücken, dem wir nun folgen werden.

Wir gehen am Kreuz vorbei weiter und kommen in die Senke der **Oberen Klammalpe** (2.45 Std.).

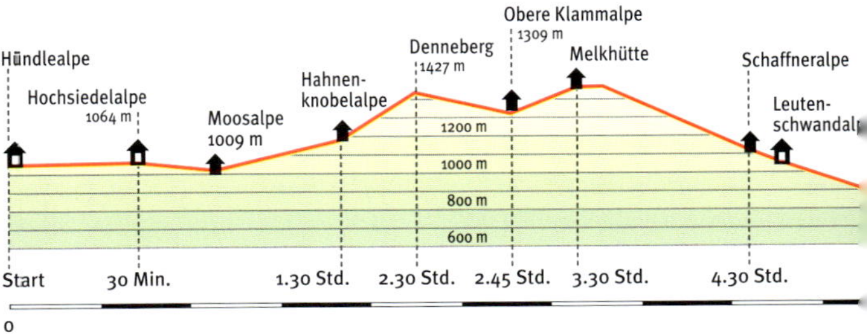

Abkürzung: Wer es eilig hat, könnte von hier über die Pfarrersalpe absteigen und über die Alpstraße nach Thalkirchdorf abkürzen.

Von der Oberen Klammalpe steigen wir nochmals steil auf, bis wir zu einer alten, verfallenden **Melkhütte** (3.30 Std.) kommen. Eine umgestürzte uralte Wetterfichte vor einer jungen, kräftigen Baumgruppe führt uns das ewige Werden und Vergehen der Natur vor Augen. Von der Hütte aus geht man noch ein paar hundert Meter weiter bis zu einem Weidezaun, an dem uns ein Schild nach Thalkirchdorf weist.

Wir steigen den Weg in vielen Serpentinen durch den Bergwald abwärts. Kurz bevor der Wald zu Ende ist, zweigt bei einem großen Kahlschlag das Weglein zur **Schaffneralpe** (4.30 Std.) nach rechts ab. Es umrundet die Alpe in weitem Bogen und führt vorbei an einem kleinen Bergsee zur **Leutenschwandalpe,** um die herum im Sommer an die 40 Ziegen und etwa 150 Stück Großvieh weiden.

Ab hier ist die Alpstraße geteert. Tief unter uns sehen wir schon den Weiler Konstanzer. Nach einiger Zeit weist rechts ein Schild auf einen Wasserfall hin, der vor allem nach Regentagen recht eindrucksvoll ist.

Wir gehen weiter bis nach **Osterdorf** (5 Std.) und biegen links Richtung Thalkirchdorf ab (Wegweiser). Ab da folgen wir den Wegweisern zum Hündlelift. Wir gehen an alten Bauernhöfen und kunstvoll geflochtenen Holzzäunen vorbei, die hier überall noch erhalten sind. Die letzten anderthalb Kilometer wandern wir an der Konstanzer Ach entlang, in der die Forellen auf und ab flitzen und an deren Ufer manchmal Reiher beim Fischen stehen. Der Weg endet direkt bei der **Talstation des Hündlelifts** (6 Std.), wo man noch einmal einkehren kann.

Ochsenschädel über dem Eingang der Hahnenknobelalpe

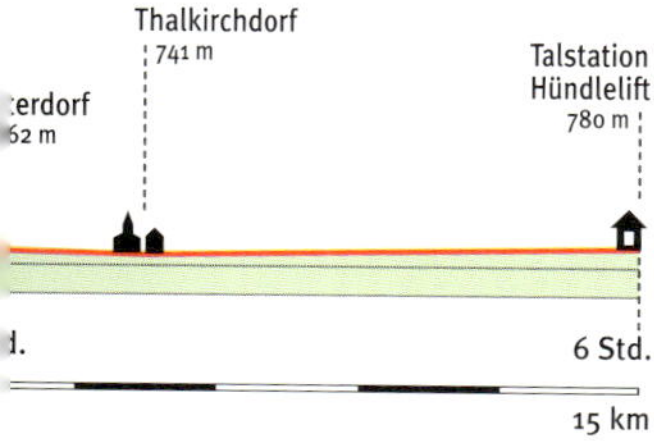

Tour 30

Oberstaufens Paradeweg

Von Oberstaufen über das Paradies nach Aach

Das Wort Paradies hat bei den Autofahrern eher einen negativen Klang, bezeichnet es doch eine Gefällstrecke, die vor allem von winterlichen Rutschpartien bekannt ist. Daß es dort wirklich paradiesisch schön ist, zeigt unsere Wanderung.

DIE WANDERUNG IN KÜRZE

+ Anspruch

4.30 Std. Gehzeit

15 km Länge

Charakter: einfache Ganztageswanderung; größtenteils auf bequemen Feldwegen

Wanderkarte: Umgebungskarte 1:50 000 Lindau–Oberstaufen und Umgebung

Einkehrmöglichkeiten: Café Paradies, Gasthof Eibelesmühle, Gasthöfe in Aach und Oberstaufen

Anfahrt: Oberstaufen liegt an der **Bahnlinie** München–Lindau; gute **Busverbindungen** von allen Orten der Umgebung nach Oberstaufen; mit dem **Auto** von Immenstadt oder Lindau auf der B 308 nach Oberstaufen, am Bahnhof der Ausschilderung zum Kurhaus folgen, wo sich ein großer Parkplatz befindet

Wir starten am **Kurpark** von **Oberstaufen,** gehen rechts am Kurhaus vorbei und folgen dem gut bezeichneten Weg ›Auf den Kapf‹. Der kleine Pfad mündet nach einiger Zeit in eine Teerstraße, aus der im Wald schließlich eine Forststraße wird. Wir kommen an einem Gedenkkreuz für zwei deutsche Soldaten vorbei, die kurz vor Kriegsende hier erschossen aufgefunden wurden, und erreichen den 998 m hohen **Kapf** (1 Std.), wie dieser Gipfel heute genannt wird.

Der Altensberg, der in vielen Karten an dieser Stelle noch eingetragen ist, zieht sich als Höhenrücken im Wald vom Kapf nach Norden. Eine Bank erlaubt, in Ruhe das Bergpanorama zu bewundern. Links liegt der bewaldete Denneberg (Tour 29), dahinter die Nagelfluhkette mit dem felsigen Hochgrat (Tour 28), tief unter uns das Weißachtal, das wir heute noch durchwandern wollen. Ganz

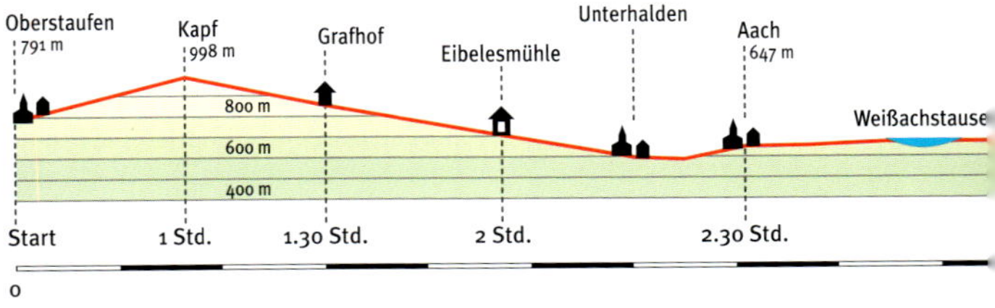

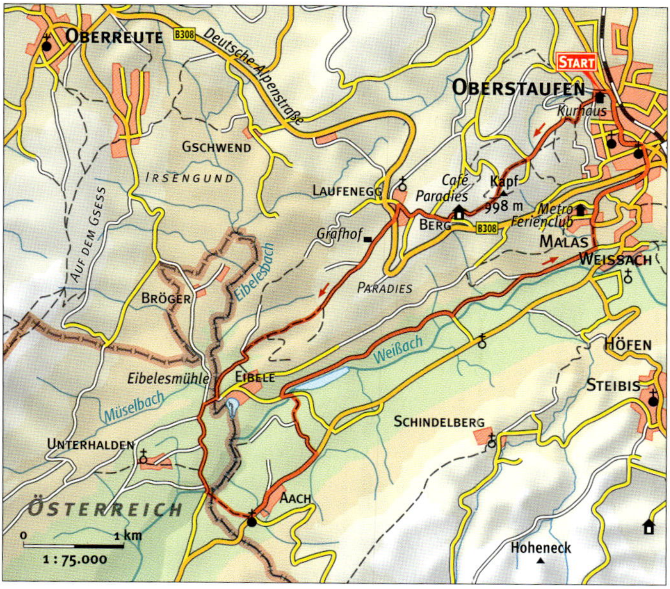

rechts ist das ›Paradies‹, die berühmte Schleife der Deutschen Alpenstraße, zu sehen.

Der Weiterweg folgt zunächst den Wegweisern nach Berg den Hang abwärts. Der Blick öffnet sich nach Norden, wo man die Schleifen der Alpenstraße bis nach Oberreute hin verfolgen kann. Wir gehen auf ein Bauernhaus zu, das sich ganz überraschend als **Café Paradies** entpuppt.

Der nächste Wegweiser steht unterhalb des Cafés am Brunnen. Wir folgen ihm Richtung Lauffenegg, Döbliswald und Eibelesmühle. Die Alpenstraße queren wir mittels einer kleinen Unterführung und marschieren am **Grafhof** (1.30 Std.) vorbei. Dieses Bauernhaus ist vor etwa 400 Jahren erbaut und Ende der 80er Jahre stilvoll renoviert worden. Die originale Barocktür ist Zier und Stolz des Hauses.

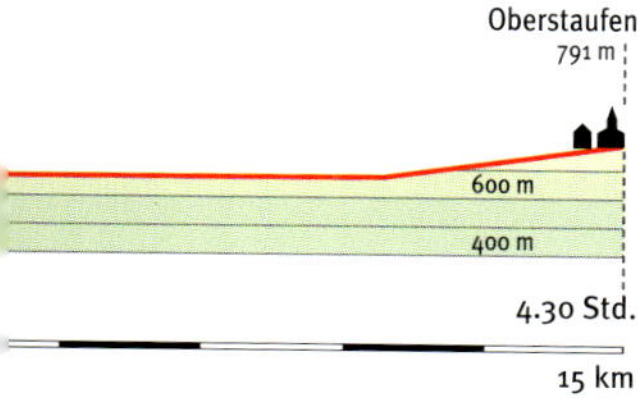

Der Weg zieht sich nun über Viehweiden stets leicht abwärts. In den Wiesen links und rechts kann man im Frühjahr das dunkelrot-violette Knabenkraut, eine selten gewordene Orchideengattung, finden. Sie ist streng geschützt – bitte auf keinen Fall pflücken! An einer kleinen Wettermeßstation vorbei, kommen wir an die **Eibelesmühle** (2 Std.), ein Gasthaus mit gemütlicher Bauernstube. Die älteste Urkunde berichtet schon 1573 von dem Haus, damals war es Sägemühle, Gasthof, Sennerei und Bauernhof zugleich.

Nun überquert man den Eibelesbach, der die Grenze nach Österreich bildet. Der dreistufige Wasserfall des Baches ist einen Abstecher auf die Sandbank wert. Für Kinder ist das überdies ein herrlicher Spielplatz. Von der Grenze aus gehen wir weiter, zuerst Richtung Sulzberg, an der Hauptstraße halten wir uns links Richtung Riefensberg. Nach dem Weiler **Unterhalden** sehen wir zwei Brücken, die über die Weißach füh-

Blick über die Blumenwiesen auf die Deutsche Alpenstraße beim Paradies

ren. Wir gehen über die gedeckte Holzbrücke, queren noch einen kleinen Bach und sind schon wieder auf deutschem Boden. Über einen Wiesenweg geht es hinauf zu dem kleinen Kirchdorf **Aach** (2.30 Std.). Hier sollten Sie nicht versäumen, in die Kirche zu schauen, denn am Hochaltar steht eine wunderschöne gotische Schutzmantelmadonna.

Auf dem Rückweg nach Oberstaufen folgen wir zunächst einem Fußweg neben der Autostraße. Nach etwa 700 m steht links ein Schild ›Haus Säntisblick‹. In diesen Weg biegen wir ein, er führt zurück Richtung Eibelesmühle. Unten am Wald geht es auf schmalem Pfad über ein paar Bäche bis zum Wehr des **Weißachstausees** (3 Std.). In den feuchten Wiesen gedeihen Trollblume, Einbeere und der so selten gewordene Türkenbund. Wir überqueren das Stauwehr und biegen unmittelbar danach, bei den drei Garagen, in den für den öffentlichen Verkehr gesperrten ›Weißach Talweg‹ ein. Er führt zunächst an der aufgestauten Weißach entlang, dann über Wiesen direkt auf Oberstaufen zu.

So kommen wir an einen aufgelassenen **Steinbruch** (4 Std.), der heute als Holzlagerplatz dient. Von ihm aus steigen wir durch eine romantische Schlucht nach oben und erreichen die Straße beim ›Metro Ferienclub‹.

Nach ein paar Metern biegt rechts der **Aurel-Stadler-Weg** ab, den wir bis zum Ende bei den Wohnhäusern gehen. Wir biegen links in die Weißachstraße ein, verlassen sie dann gleich wieder auf einem Fußweg, der zuerst unter der **Deutschen Alpenstraße** hindurch und dann mit einer Schleife über die Ortseinfahrt von Oberstaufen hinwegführt. Wir kommen über die Hochgratstraße zum Kirchplatz, von hier sind es über die Lindauer Straße nur mehr ein paar Minuten zum Parkplatz am **Kurhaus** von **Oberstaufen** (4.30 Std.).

Die Wallfahrtskirche von Aach

Auf unserem Weg über das Allgäuer Hügelland kommen wir nach Aach mit seiner alten Wallfahrtskirche. Sie hat einen seltsamen Namen: Maria Schnee. Dieser geht auf eine Legende zurück, derzufolge es am 5. August 352, also bei der größten Hitze mitten im Sommer, auf einem Hügel in Rom geschneit habe. Das nahm man als himmlisches Zeichen, dort eine Kirche zu bauen: Santa Maria Maggiore. Diese Kirche wurde wegen ihres Gnadenbildes, das der hl. Lukas selbst gemalt habe, eine außerordentlich wichtige Wallfahrtsstätte. Man kopierte dieses Bild immer wieder, stellte es in anderen Kirchen auf, und da man den Kopien ähnliche Wunderkraft zuschrieb wie dem Original, wurden auch diese Kirchen zum Pilgerziel.

Nun hat diese Geschichte aber einen Haken: Als Legende ist sie erst seit dem Jahre 1000 verbürgt und historisch keinesfalls haltbar. Das hatte schon um 1750 Papst Benedikt XIV. erkannt und wollte sie aus dem Brevier streichen lassen. Aber ausgerechnet am 5. August des Jahres 1716 hatte Prinz Eugen bei Peterwardein die Türken vernichtend geschlagen. Das sah man als unmittelbaren Beweis für die Richtigkeit der Legende an. Überall im Lande entstanden daraufhin Maria-Schnee-Kirchen, auch in Aach, und die Pilger wollten sich ihren Glauben an das Wunder nicht nehmen lassen. So blieb das Fest im Kirchenkalender.

Der Sonne entgegen

Von Weitnau zur Ruine Alttrauchburg und auf den Sonneckgrat

In den ersten Frühlingstagen oder spät im Herbst ist diese Wanderung im Allgäuer Alpenvorland besonders schön. Wenn unten im Tal die Nebel nicht mehr weichen wollen, liegt der Sonneckgrat meist in vollem Sonnenschein.

DIE WANDERUNG IN KÜRZE

+ Anspruch

5 Std. Gehzeit

14 km Länge

Charakter: einfache Ganztageswanderung ohne größere Anstiege; größtenteils bequeme Wanderwege, kurze Stücke auf geteerter Straße

Wanderkarte: Umgebungskarte 1:50 000 Kempten und Umgebung

Einkehrmöglichkeiten: Gasthaus Alttrauchburg, Café Weilerle Inn (erst ab ca. 17 Uhr geöffnet), Gasthäuser in Weitnau

Anfahrt: Busverbindungen von Kempten und Isny nach Weitnau; mit dem **Auto** vom Autobahndreieck Allgäu über die A 980 und B 12 Richtung Isny, bis zur etwas hinter Weitnau gelegenen Abfahrt zum Ort; Parkmöglichkeiten an der Kirche oder bei den Sportplätzen

Unser Weg beginnt in **Weitnau** an der Abzweigung der Hirnbeinstraße von der Hauptstraße. Wir wandern zunächst die Hirnbeinstraße entlang. Sie erinnert an Carl Hirnbein, den Begründer der Milchwirtschaft im Allgäu, der hier beheimatet war. Der Weg ist mit ›Nr. 6 Sonneckgrat–Alttrauchburg‹ beschildert. Die kleine Teerstraße führt unter der Autostraße Kempten–Lindau hindurch.

Unmittelbar nach der Unterführung halten wir uns links und gehen dann am Wiesenhang an zwei stattlichen Allgäuer Bauernhöfen vorbei. Bei einem kleinen Heustadel tauchen wir in den lichten Wald ein. Hier ist die Natur noch halbwegs im Gleichgewicht: Schmetterlinge, wunderschöne Pfauenaugen zum Beispiel, begleiten uns im Sommer über die Felder, im Wald wächst an den lichten Stellen Hasenklee. Wenn wir die Kammhöhe des **Sonneckgrats** (50 Min.) erreicht haben, sind wir auf fast 1050 m angestiegen. Unter uns

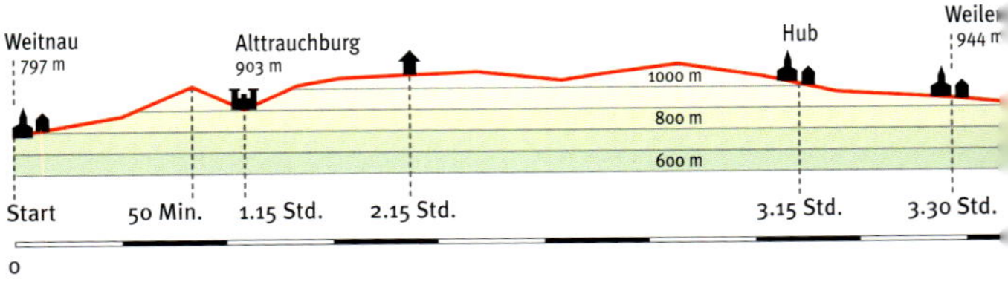

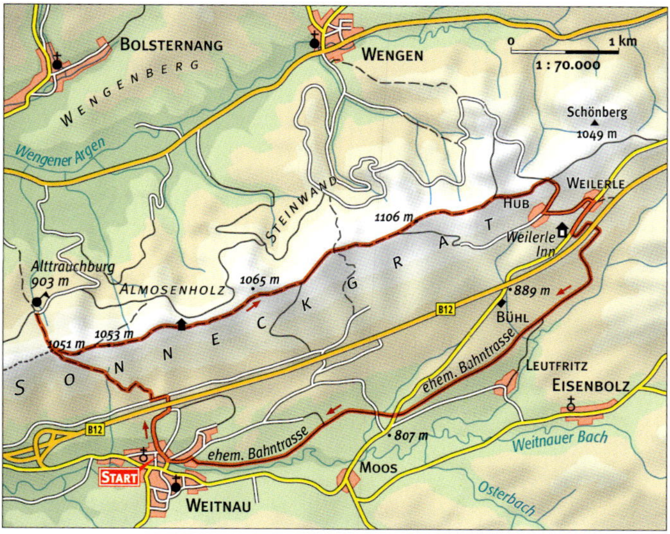

liegt das Tal der Wengener Argen, das heute, nach dem Neubau der B 12 im Weitnauer Tal, wieder recht ruhig geworden ist. Direkt gegenüber liegt der Schwarze Grat (Tour 32), ein Waldberg, den man an seinem Aussichtsturm erkennt.

Zunächst folgen wir dem breiten Weg auf dem Kamm etwa 200 m nach links. Dann biegen wir rechts in den ziemlich zugewachsenen Hohlweg ein, der uns abwärts direkt zu den alten Gemäuern der **Burgruine Alttrauchburg** (1.15 Std.) führt. Unmittelbar neben der Ruine lädt das Gasthaus Alttrauchburg zu einer kurzen Rast ein.

Der Weiterweg führt uns zunächst durch den Hohlweg wieder bis zur

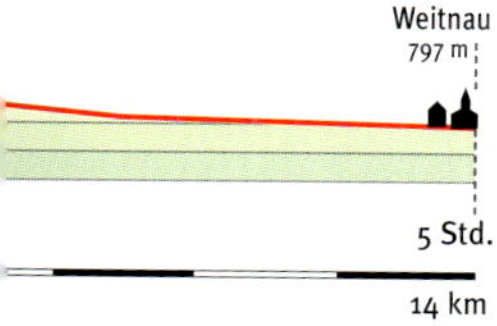

Kammhöhe hinauf (1.45 Std.). Dort folgen wir dem Weg Nr. 1 (Sonneckgrat–Wengen–Rechtis), der ziemlich genau an der höchsten Stelle des langgezogenen Berges nach Osten führt. Im Wald und in den Wiesen kann man immer wieder große Trichter sehen. Das sind Bombenkrater, die noch aus dem Zweiten Weltkrieg stammen.

Nach einer Viertelstunde kommen wir an eine Sitzbank, die an einem der schönsten sonnigen Aussichtsplätze im ganzen Allgäuer Alpenvorland steht. Tief unter uns liegt das Weitnauer Tal mit seinen vielen Bauernhöfen, Feldern und Weiden, gegenüber steht wie ein Wall der steile Hausenberg, dessen höchster Gipfel schon bis 1237 m ansteigt. Rechts öffnet sich der Blick bis zu den Bergen der Schweiz, links sehen wir weit in die Voralpenlandschaft des Allgäus hinein.

Der Weg führt weiter oben am Bergkamm entlang. An der kleinen **Unterstandshütte** (2.15 Std.), die mit

›Sonneckgrat (1050 m)‹ beschriftet ist, gehen wir geradeaus vorbei, der Kammweg zieht sich jetzt wieder durch schattigen Wald. Wir erreichen eine breite Forststraße, passieren auf ihr eine frisch geschlagene Lichtung und laufen durch Jungwald, bis sich der Wald nach Süden hin ganz öffnet. Grünten (Tour 12) und Nebelhorn stehen am Horizont über dem Hausenberg.

An der Abzweigung nach Engelhirsch geht es vorbei zu einer Wegkreuzung. Wir nehmen den schmalen Steig in der Mitte und kommen auf eine große Weide, die von alten Ebereschen begrenzt wird. Immer noch am Bergkamm entlang, errei-

Ebereschen auf dem Sonneckgrat

chen wir schließlich einen eingezäunten **Rastplatz** (3.15 Std.), der von vier Birken beschattet wird. Eine Windrose auf einem tischförmigen Stein erklärt das weite Panorama vom Hohen Häderich im Westen bis zur Zugspitze im Osten.

Nun gehen wir auf die kleine Teerstraße unterhalb zu und wandern auf ihr abwärts zum Weiler **Hub.** Dort geht es links in spitzem Winkel nach **Weilerle** (3.30 Std.) an der Landstraße Weitnau–Kempten.

Jetzt müssen wir rechts ca. 400 m die ziemlich belebte Autostraße entlang wandern, kurz hinter dem **Café Weilerle Inn** führt uns ein Weg zur Autostraße und, in unserer ursprünglichen Wanderrichtung, zurück bis zu einer Unterführung. Auf der anderen Seite der B 12 geht es wieder nach rechts, bis uns ein Feldweg leicht abwärts zur Trasse der aufgelassenen **Bahnlinie Kempten–Isny** (4 Std.) führt. (Früher konnte man übrigens in Weilerle direkt durch einen Bauernhof zur Autostraße gehen und sich so das ganze Hin und Her ersparen. Dieser Weg ist auf fast allen Karten noch eingezeichnet. Doch dem Besitzer des Hofes wurden die durchmarschierenden Wanderer zuviel, so daß der Weg gesperrt wurde.)

Auf der Bahntrasse wenden wir uns nach rechts und wandern auf dem mit feinem Kies belegten Bahndamm entlang. In weiten Bögen führt der Weg durch das Weitnauer Tal mit seinen Einzelgehöften. Man sieht ihnen heute noch an, daß die Bauern über viele Jahrhunderte hinweg ohne Angst vor feindlichen Überfällen oder willkürlichen Eingriffen der Obrigkeit leben konnten. Das Weitnauer Tal gehörte mehr als 300 Jahre zu Tirol – und das war eben ein sehr sicheres Land!

Nach einer knappen Dreiviertelstunde erreichen wir den **Weitnauer Bach,** der Kindern (und auch Erwachsenen) Gelegenheit gibt, sich etwas zu erfrischen. Wir gehen oben auf dem Dammweg weiter, wandern durch die ersten Häuser von **Weitnau** zur Hirnbeinstraße, die uns wieder zum Ausgangspunkt zurückführt (5 Std.).

Die Burgruine Alttrauchburg

Die Ruine Alttrauchburg wurde Ende der 80er, Anfang der 90er Jahre restauriert, die Spuren der Sicherungsarbeiten sind noch gut erkennbar. Wie restauriert man eine Ruine? Die Alttrauchburg gibt ein gutes Beispiel ab.

Zuerst spritzt die Feuerwehr mit ihren Wasserschläuchen die ganze Ruine ab. Dabei werden alle lockeren Steine, Erde und Pflanzenwuchs von den Mauern abgewaschen. Erst wenn die noch stehenden Mauern ganz sauber sind, kann mit der eigentlichen Arbeit begonnen werden. Nun wird der Boden um die Ruine herum aufgegraben, und alle herabgefallenen Mauersteine werden gesammelt. Nur diese dürfen bei der nachfolgenden Ausflickarbeit wieder verwendet werden, um den authentischen Charakter des restaurierten Gebäudes zu gewährleisten. Dann werden alle Mauerritzen neu ausgefugt und die Löcher in den Wänden mit den ausgegrabenen Steinen gestopft. Etliche Jahre hat ein einziger Maurer mit ein oder zwei Helfern an der Burg gearbeitet. Jetzt, wo alles fertig ist, kann er stolz auf seinen Beitrag zur Erhaltung des ältesten Bauwerks seiner Gemeinde sein.

Tour 32

Durch fürstliches Jagdrevier

Von Isny auf den Schwarzen Grat

Der größte Teil des Landes um den Schwarzen Grat gehört dem Fürsten Paul von Quadt, der eine intensive Forstwirtschaft betreibt. Das sieht man den Wäldern deutlich an, die auffällig gepflegt und gut durchforstet sind.

DIE WANDERUNG IN KÜRZE

\+ Anspruch

5 Std. Gehzeit

13 km Länge

Charakter: einfache Ganztageswanderung mit viel Schatten; größtenteils Forststraßen, kurze Stücke auf geteerten Straßen

Wanderkarten: Umgebungskarten 1:50 000 Lindau–Oberstaufen und Umgebung oder Kempten und Umgebung

Einkehrmöglichkeiten: keine (der Aussichtsturm am Schwarzen Grat ist nur bei besonderen Gelegenheiten bewirtschaftet)

Anfahrt: Busverbindungen mit dem Stadtbus von Isny oder dem Linienbus Kempten–Isny nach Großholzleute; mit dem **Auto** von Kempten oder Isny über die weitgehend autobahnähnlich ausgebaute B 12 nach Großholzleute; Parkmöglichkeit beim alten Bahnhof

Ausgangspunkt unserer Wanderung ist das prächtige Gasthaus ›Zum Schwarzen Adler‹ in **Großholzleute,** unmittelbar an der B 12. Am Eingang des Gasthauses vorbei, wandern wir durch das kleine Dorf, überqueren die Trasse der aufgelassenen Bahn und erreichen, über Weiden leicht aufwärts gehend, den Waldrand.

Im Wald helfen uns Wegweiser zum Schwarzen Grat, auf dem richtigen Weg zu bleiben. An der großen Kreuzung mehrerer Forststraßen gehen wir in etwa geradeaus und nehmen dann den schmalen Waldweg, der mit einem roten Punkt markiert ist. Nach ein paar Minuten stoßen wir erneut auf eine Forststraße, biegen rechts ein und folgen ihr, bis sie sich gabelt. An diesem Punkt führt zwischen den beiden breiten Wegen ein Steig bergauf (roter Punkt!).

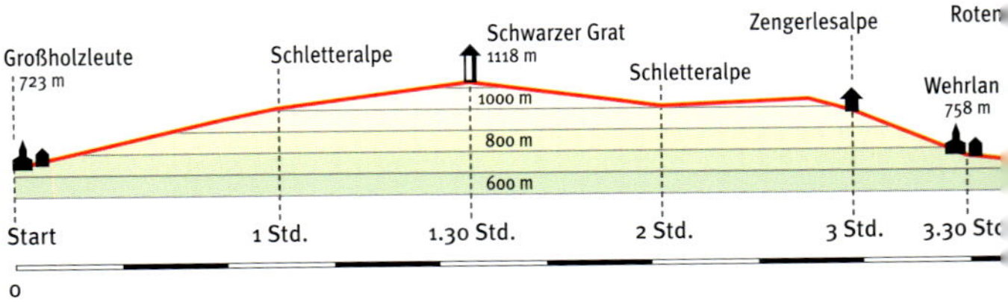

Jetzt gilt es aufzupassen! Nach einem kurzen Anstieg bleibt dieser Weg auf gleicher Höhe. Wir folgen also nicht dem links abzweigenden Weg, der weiter aufwärts führt! Die rote Markierung finden wir erst ein gutes Stück nach dieser verführerischen Abzweigung. Unser Weg zieht sich in einer leichten Rechtskurve um einen Taleinschnitt, etwa 100 m danach steigen wir links aufwärts zur Lichtung der **Schletteralpe** (1 Std.). Hier, auf 1020 m Höhe, stand viele Jahrhunderte lang ein ganzjährig bewohnter Bauernhof – der höchstgelegene Dauerwohnsitz im Land Baden-Württemberg. Ihm war eine Gastwirtschaft angeschlossen, die zu den beliebtesten Ausflugszielen im Westallgäu gehörte. Doch das ist Vergangenheit, 1962 mußten Hof und Wirtschaft aufgegeben werden, ein Jahr später fielen alle Gebäude einem Großbrand zum Opfer.

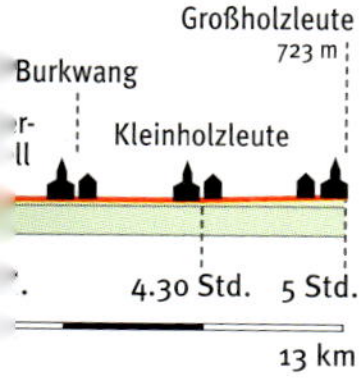

Wir überqueren die Wiesen und folgen der Forststraße nach rechts. An diesen Punkt werden wir später zurückkommen. Neben der Straße blühen im späten Sommer Roßminze und große Kletten, sogar der seltene Weiße Fingerhut ist manchmal zu sehen. Wir bleiben auf der leicht ansteigenden Straße, bis uns nach einer knappen halben Stunde ein Wegweiser rechts zum Aussichtsturm auf dem **Schwarzen Grat** schickt, den wir ein paar Minuten später erreichen (1.30 Std.). Hier läßt sich gut rasten, für die Kinder gibt es sogar einen Spielplatz.

Der **Aussichtsturm** wurde 1970/71 vom Schwäbischen Albverein errichtet. Nicht weniger als 150 Festmeter Holz hat man dabei verbaut. Dieser Aufwand hat sich gelohnt. Von der 28 m hohen, stets zugänglichen Aussichtsplattform schweift der Blick vom Auerberg im Osten über die Ammergauer Berge und den Tegelberg zum Edelsberg, über dem die Zugspitze aufragt. Dann folgen Aggenstein, Iseler und Grünten, das Imberger Horn, der Höfats und der Stuiben. Genau im Süden erkennen wir den Widderstein als markanten Felsblock, rechts davon den Hohen Ifen mit den Gottesackerwänden, den Hochgrat und den Hohen Häderich. Die Runde klingt schließlich mit den Churfirsten und dem Säntis aus. Sogar der Bodensee ist noch deutlich sichtbar. Fast jeder Gipfel, der in diesem Buch beschrieben ist, läßt sich von hier aus wiederfinden.

Vom Aussichtsturm wandern wir zur **Schletteralpe** (2 Std.) zurück. Dort bleiben wir auf der Forststraße,

Das Gasthaus ›Zum Schwarzen Adler‹ in Großholzleute

die hier eine leichte Rechtskurve macht und halten uns nach etwa einer Viertelstunde bei der Weggabelung links. Die Forststraße führt leicht auf und ab, manchmal öffnet sich der Wald zu einem weiten Blick über das nördliche Allgäu oder auf die alte Reichsstadt Isny. Schließlich erreichen wir die ehemalige **Zengerlesalpe** (3 Std.), die inzwischen nicht mehr bewirtschaftet wird. Die kleine Holzkapelle am Weg neben dem Rastplatz beherbergt ein Bild des Patrons der Hirten, des hl. Wendelin. Eine Bank neben der Kapelle lädt nochmals zum Verweilen ein.

An dieser Stelle verzweigt sich die Forststraße. Zwischen der linken Straße und der Kapelle führt ein schmaler Wiesenweg bei zwei Holunderbüschen in den Wald. Es ist der alte Alpweg, auf dem wir abwärts steigen. Der Regen hat den Weg so tief ausgewaschen, daß er sich als Hohlweg viele Meter tief in den Boden gegraben hat. Bei allen zweifelhaften Stellen hilft uns ein roter Punkt, auf dem richtigen Weg zu bleiben. In **Wehrlang** kommen wir ins Tal (3.30 Std.), von wo wir direkt nach Großholzleute zurückwandern könnten.

Viel lohnenswerter ist aber ein kleiner Umweg, der uns zu einem Römerkastell führt. Dazu gehen wir zunächst auf die **Kirche** von Wehrlang zu. Auf ihrem Hochaltar steht ein gegeißelter Heiland, rechts finden wir die Figur der hl. Ottilie. Sie ist die Patronin der Augenkranken, weil sie der Legende nach selbst als Kind blind war. Deshalb trägt sie als Attribut zwei Augen auf einem Buch, das ihre Gelehrsamkeit symbolisieren soll.

Von der Kirche wandern wir auf der Teerstraße direkt auf die Türme von Isny zu. In **Rotenbach,** dem nächsten Dorf laufen wir die Straße entlang bis zu den beiden Brücken über die Argen. Bei der zweiten Brücke steht eine sehr schöne Figur des Brückenheiligen Nepomuk.

Nach der Brücke biegen wir links in den Feldweg ein, der die alte Bahntrasse überquert. Aus dem Feldweg wird ein schmaler Wiesenpfad, der uns zu einem Waldrand bringt. Hier zieht sich ein seltsam gleichmäßiger Hügel über die Wiesen. Bei ihm handelt es sich um den mächtigen Außenwall der römischen Burg Vemania, die um 260 n. Chr. erbaut wurde und immerhin 140 Jahre der Bevölkerung Schutz bei den Einfällen der Alemannen und Germanen bot. Wir gehen zwischen Wäldchen und Wall auf die Anhöhe und können uns auf Hinweistafeln nochmals über das **Römerkastell** informieren (4 Std.).

Nach der Besichtigung folgen wir unserer ursprünglichen Richtung weiter und treffen auf die ersten Häuser von Isny. Dort wenden wir uns nach links und wandern auf der wenig befahrenen Teerstraße durch das Bauernland mit seinen Streuobstwiesen nach **Burkwang.** Auf dem Weiterweg müssen wir die B 12 überqueren, bevor wir nach **Kleinholzleute** (4.30 Std.) kommen. Hier gehen wir wieder zur Kapelle, in der neben einer Muttergottesfigur die Bilder der beiden Reiterheiligen Georg und Martin hängen. Ein Votivbild von 1795 erzählt die traurige Geschichte, wie eine junge Frau an der Kapelle vom Blitz erschlagen wurde.

Unser Weg führt links an der Kapelle vorbei, zieht sich über einen flachen Hügel und erreicht bei einem Parkplatz wieder die B 12. Auf einem gesonderten Fuß- und Radweg wandern wir parallel zu ihr zurück nach **Großholzleute** (5 Std.).

Tour 33

Durch den Tobel auf die Kugel

Durch den Eistobel südlich von Isny auf die Riedholzer Kugel

Abgesehen von dem ausgebauten Wanderweg, der einen Besuch der einzigartigen Schlucht erst ermöglicht, bildet der Eistobel eine der letzten noch weitgehend naturbelassenen Flußlandschaften des Allgäuer Alpenvorlandes.

DIE WANDERUNG IN KÜRZE

+ Anspruch

3.30 Std. Gehzeit

9 km Länge

Charakter: relativ einfache Halbtageswanderung; größtenteils bequeme Wander- und Wirtschaftswege, steiler Aufstieg auf die Riedholzer Kugel

Wanderkarte: Umgebungskarte 1:50 000 Lindau–Oberstaufen und Umgebung

Einkehrmöglichkeit: Gasthaus Argentobelbrücke

Anfahrt: keine **Busverbindung** zum Eingang des Schüttentobels, sondern nur von Isny nach Riedholz; Busfahrer beginnen entsprechend dort die Tour; mit dem **Auto** vom Autobahndreieck Allgäu über die A 980 und B 12 Richtung Isny, vorbei an Weitnau; in Seltmans links ab Richtung Röthenbach, weiter über Sibratshofen bis zum Wanderparkplatz am Schüttentobel (ca. 3 km hinter dem Ort auf der rechten Seite)

Wir starten vom **Wanderparkplatz** des Schüttentobels, überqueren die Fahrstraße und wandern gemächlich flußabwärts. Das erste Stück der Schlucht, der **Schüttentobel,** ist noch breit. Wir müssen durch das **Sägewerk Poschenrieder** hindurchmarschieren. Noch innerhalb des Werksgeländes überqueren wir die Argen und gehen auf der rechten Seite des Flusses weiter. Früher wurde die Schlucht von der Burg Hohenegg bewacht, deren Überreste hoch oben am Steilhang stehen.

Hinter der aufgelassenen **Schüttenmühle** wechseln wir wieder die Flußseite und kommen zu einem Kassenhäuschen. Mit der kleinen Gebühr, die für das Begehen des **Eistobels** verlangt wird, werden die We-

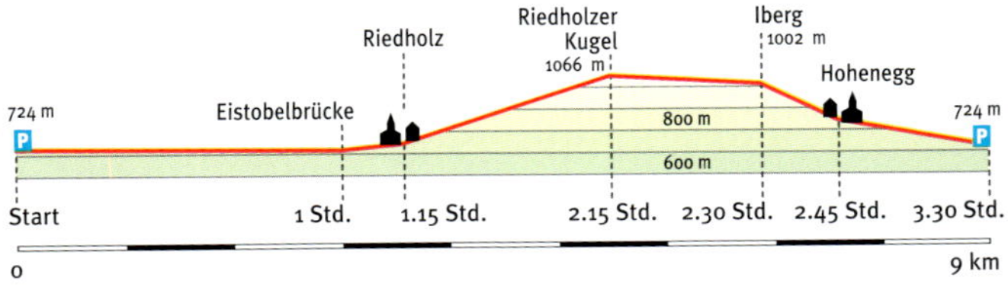

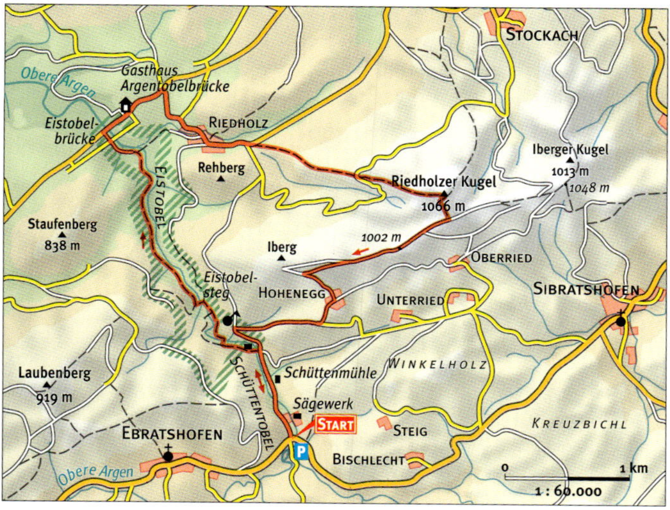

ge und (buchstäblich) Stege im Tobel erhalten. (Wenn das Häuschen nicht besetzt ist, sollten Sie fairerweise den Betrag am Ausgang des Tobels bezahlen.)

Wir überqueren erneut den Fluß, wandern an einem großen weißen Gebäude vorbei, das einst eine Mühle war, dann Molkerei, im Krieg ein Rüstungsbetrieb, bis es schließlich in den letzten Jahren zum Wohnhaus umgebaut wurde. Noch einmal wechseln wir die Flußseite und stehen unvermittelt vor einer gewaltigen **Nagelfluhwand.** Über 50 m fällt sie senkrecht zum Fluß ab, der hier zur Stromgewinnung in einem kleinen Elektrizitätswerk etwas aufgestaut ist. Am Wegrand blüht der Weiße Hahnenfuß, wachsen verschiedene Schachtelhalme und seltene Steinbrecharten.

Wir wandern über die soliden Stege an den vielen Wasserfällen und Katarakten vorbei. Die Sandbänke dazwischen sind ideale Spielplätze für Kinder. Im Sommer kann man hier auch gut baden. Wenn man auch nicht mehr als ein paar Züge schwimmen kann, so ist das Wasser doch herrlich erfrischend. Fast möchte man meinen, man sei im Hochgebirge, so gewagt sind die Wege an den steilen Wänden der Schlucht entlang angelegt. Sie sind jedoch an allen kritischen Stellen bestens durch Geländer oder Drahtseile gesichert, so daß niemand Angst bekommen muß.

Am **Ende der Schlucht** (1 Std.) stand einst die 1907 eröffnete, zu diesem Zeitpunkt längste Brücke Bayerns. Doch die Eisenprofilkonstruktion wurde inzwischen durch ein moderneres Bauwerk ersetzt. Nachdem wir unter der Brücke hindurchgegangen sind, führt ein steiler Weg nach oben zur neuen **Eistobelbrücke,** auf der wir die Schlucht überqueren. Drüben lädt das **Gasthaus Argentobelbrücke** zu einer Rast ein.

Wir gehen zu dem kleinen Dorf **Riedholz** (1.15 Std.) hinüber, das auf der anderen Seite der Hauptstraße etwas abseits in den Wiesen liegt.

Nach der Durchquerung des Ortes finden wir am östlichen Ortsausgang eine **Straßengabelung** mit einigen Wegweisern.

Wir folgen dem Schild Richtung Riedholzer Kugel über die Weidewiesen aufwärts. Der Berg wird von den Einheimischen meist nur als die ›Kugel‹ bezeichnet. Eine blaue Markierung hilft, den Steig besser zu finden. Wir kommen in den Wald, wo der Weg ziemlich steil wird. Er zieht

sich genau auf der Bergschulter nach oben bis zum Gipfel der **Riedholzer Kugel** (2.15 Std.). Die Rast auf der Gipfelbank neben einer kleinen, unbewirtschafteten Skihütte tut nach dem anstrengenden Anstieg recht gut. Der Blick schweift nach Süden, von den Immenstädter Bergen über die Nagelfluhkette mit dem Hochgrat (Tour 28) bis hinüber zum Pfänder (Tour 35).

Vom Gipfel wandern wir den ausgetretenen Wiesenweg nach Süden bergab. Die Wegweiser zeigen zunächst ›Riedholz–Maierhofen‹ an. Von dem langgezogenen Kamm des **Iberges** (2.30 Std.) aus kann man noch einmal schön zurückblicken. Am Rande des Weges taucht allenthalben der Nagelfluh auf und verrät uns, aus welchem Gestein die Kugel aufgebaut ist. Der Weg wird langsam zur Fahrstraße, auf der wir den Weiler **Hohenegg** (2.45 Std.) durchqueren, der seinen Namen von der alten, abgebrochenen Burg hat. Dort steht der erste Wegweiser zum Eistobel, dem wir folgen.

Hinter dem Dorf wendet sich die Fahrstraße in einer steilen Serpentine nach links, wir folgen jedoch geradeaus dem uralten Hohlweg, der heute an manchen Stellen ziemlich ausgewaschen ist. An einer nahezu senkrechten Nagelfluhwand mit einem hohen Wasserfall stehen wir hoch über dem **Schüttentobel.** Von dieser Stelle aus erkennt man erst, wie tief sich die Argen eingegraben hat. Der Weg neigt sich nun steil abwärts, wir kommen wieder zum Sägewerk und erreichen rasch den **Wanderparkplatz** (3.30 Std.).

Die Nagelfluhwand im Schüttentobel: 50 m hoher natürlicher ›Waschbeton‹

Tour 34

Am Bach entlang zur Keltenburg

Von Weiler zum Enschenstein

Selbst an heißesten Sommertagen bereitet diese Wanderung Vergnügen. Zunächst führt der Weg am Bach entlang, dann durch schattigen Hochwald zum Enschenstein, und erst am Schluß laufen wir über offenes Gelände zurück.

DIE WANDERUNG IN KÜRZE

+
Anspruch

4.30 Std.
Gehzeit

12 km
Länge

Charakter: einfache Wanderung durch die Voralpenlandschaft; bequeme Wanderwege, Forststraßen und geteerte Wege

Wanderkarte: Umgebungskarte 1:50 000 Lindau–Oberstaufen und Umgebung

Einkehrmöglichkeit: Gasthof Zur Traube in Schnellers

Anfahrt: Busverbindungen von Oberstaufen und Lindenberg nach Weiler; mit dem **Auto** auf der Deutschen Alpenstraße (B 308) von Oberstaufen oder Lindenberg nach Weiler, Parkplätze im Ortskern oder am Ortsrand (ausgeschildert)

Ausgangspunkt unserer Wanderung ist der Kirchplatz von **Weiler** mit seinem schönen Rathaus. Wir nehmen den Fußweg zwischen Hausbach und Kirche und wandern den Bach aufwärts. Die Schulstraße überqueren wir etwas nach rechts versetzt, nach ein paar Metern laufen wir wieder am Bachufer entlang. An einer 1890 erbauten Lourdesgrotte vorbei, kommen wir zu einer Wegverzweigung. Rechts steht am Hochufer des Baches eine 1628–1635 erbaute Kapelle, die dem hl. Sebastian geweiht ist. Auf ihrem Hochaltar finden wir die Figuren der Pestheiligen Sebastian und Rochus und des himmlischen Schirmherrn des Bistums Augsburg, Ulrich.

Wir gehen zum Bach zurück und wandern an der **Kapfmühle** vorbei. Sie wurde schon 1569 für die Herren von Altenburg erbaut und diente bis 1928 als Getreidemühle, später als

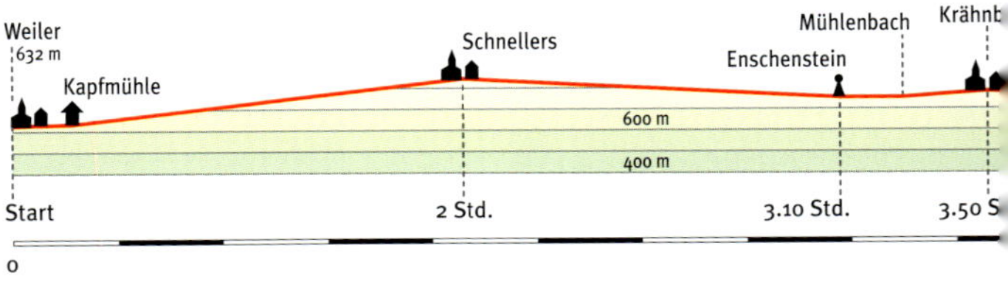

Sägemühle. Das viele Moos zeigt, wie feucht es hier am schattigen Bachbett ist.

Bei der ersten **Brücke** (30 Min.) führt der Weg zwar einige Meter oberhalb des Baches geradeaus weiter. Trotzdem steigen wir nach unten zur Brücke, denn von hier hat man den besten Blick in die wilde **Hausbachklamm,** durch die vor allem im Frühjahr das Wasser in sprudelnden Kaskaden schießt. Etwas weiter bachaufwärts bieten die vielen Gumpen den Kindern an heißen Sommertagen Gelegenheiten zur Erfrischung und zum Spielen. Unser Weg zieht sich mal auf der einen, mal auf der anderen Seite am Bach entlang. Manchmal wandern wir direkt am Ufer, dann wieder hoch oben auf einem künstlich gebauten Steg.

Nach einer Brunnenfassung erreichen wir eine **Teerstraße** (1.15 Std.), auf der wir den Bach erneut überqueren. Auf der anderen Bachseite befindet sich ein kleiner Rastplatz mit Möglichkeit zum Grillen, von dem der Weg weiter am Ufer entlang führt. Bei den nächsten Abzweigungen halten wir uns immer in Richtung Schnellers. Schließlich kommen wir zur einer Viehweide, unmittelbar dahinter geht es rechts zum letzten Mal über den Bach, und wir sind in **Schnellers** (2 Std.), wo wir uns im Gasthof Zur Traube stärken können.

Den Weiterweg finden wir am nördlichen Ortsende. Kurz vor dem

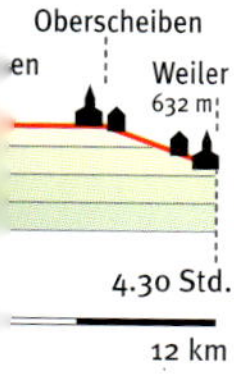

Felshöhlen am Enschenstein

Ortsschild führt links ein Feldweg Richtung Trogener Moos (Wegweiser). Auf einem Höhenrücken gehen wir an der Rückseite des Gasthauses vorbei, beim Stadel geradeaus und dann in den Wald. Bei der ersten Gabelung im Wald halten wir uns links Richtung Gerbertobel, bei der nächsten rechts. Der Weg führt fast unmittelbar an die Abbruchkante des **Gerbertobels.** Knapp 150 m unter uns fließt der Eyenbach, der gleichzeitig die Grenze zu Österreich bildet. Bei einem Ferienhaus nach einer Lichtung macht unser Weg eine weite Rechtskurve. Wir folgen jetzt bei allen Abzweigungen den Schildern nach Untertrogen und erreichen so eine offene, leicht hügelige **Wiese** (2.50 Std.).

Linker Hand liegt über dem kleinen Tal ein langgezogener, bewaldeter Höhenrücken. Hier verbirgt sich der Enschenstein, das Ziel unserer Wanderung. Wir passieren zwei Stadel und gehen danach noch ca. 250

m weiter, bis links in spitzem Winkel zurück ein Weg abzweigt. Diesem folgen wir und erreichen über die Weiden den Wald, der den Höhenrücken des Enschensteins bedeckt. Wir gehen nach rechts in den Wald und damit gegen den Uhrzeigersinn um den Höhenrücken herum. Nach etwa 30 m zweigt rechts der Weg nach Krähnberg ab, dem wir später folgen werden.

Zunächst bleiben wir aber auf dem breit angelegten Weg, der nach einem Holzplatz zum schmalen Pfad wird. Über uns stehen die offenen Nagelfluhfelsen des **Enschensteins** (3.10 Std.), der schon in vorchristlicher Zeit den Kelten als Zufluchtsstätte diente. Sein Name soll sich von den ›Enzen‹ herleiten, legendäre Vorzeitriesen. Der Volksmund hat aus dem Enzenstein einen ›Menschenstein‹ gemacht; diesen Namen kann man noch an manchen Wegweisern lesen. Der im Wald verborgene Felsen war leicht zu verteidigen, weshalb er in römischer und nachrömischer Zeit als Zufluchtsstätte der Bevölkerung bei feindlichen Überfällen diente. Zum letzten Mal erfüllte er diesen Zweck im Dreißigjährigen Krieg, als die Schweden das Land ausraubten. Vor allem am Südende des Felsens sieht man verschiedene ausgemeißelte Stellen im Stein, die den Flüchtlingen als Versteck dienten. Oben auf dem Felsen erklärt eine Gedenktafel die historische Stätte.

Am Ende des Felsens drehen wir um und gehen zur Abzweigung nach Krähnberg zurück. Der Pfad führt steil in das schluchtartige Tal des **Mühlenbaches** hinunter und auf der anderen Seite genauso steil wieder nach oben. Wir kommen aus dem Wald und gehen an der Bergstation des Skiliftes vorbei zur Ecke des nächsten Waldes, den wir diagonal durchqueren. Links unter uns liegen die Häuser des Weilers **Krähnberg.** An der gegenüberliegenden Ecke des Waldes treffen wir auf die Fahrstraße in den kleinen Ort (3.50 Std.).

Wir folgen ihr nach rechts den kleinen Hügel aufwärts bis nach **Riegen.** Vor dem ersten Haus schickt uns ein Wegweiser links auf einen Pfad, auf dem wir zuerst über Wiesen und dann am Waldrand entlang wandern. Wir passieren einen ehemaligen Kleinbauernhof, der heute den Namen **›Haus Biggi‹** trägt und sich in Privatbesitz befindet. Auf dem ungeteerten Zufahrtsweg zu dem Haus wandern wir nach rechts zu einem **Bauernhof.** Dort biegen wir links ab und erreichen hinter den Höfen von **Oberscheiben** eine Teerstraße.

Auf ihr laufen wir, ohne viel vom Verkehr gestört zu werden, rechts nach **Weiler** (4.30 Std.) zurück.

Aussichtsberg am Bodensee

Von Möggers auf den Pfänder

Diese Wanderung ist gerade richtig zum ›Eingehen‹ im Frühjahr, wenn die Beine das Wandern noch nicht recht gewohnt sind. Weil sie überwiegend an Südhängen verläuft, kann man sie schon dann gehen, wenn überall sonst noch Schnee liegt.

DIE WANDERUNG IN KÜRZE

+ Anspruch

4.30 Std. Gehzeit

16 km Länge

Charakter: einfache Ganztageswanderung; größtenteils Wander- und Wirtschaftswege; Rückweg vom Pfänder nach Regenfällen etwas feucht

Wanderkarte: Umgebungskarte 1:50 000 Lindau–Oberstaufen und Umgebung

Einkehrmöglichkeiten: Gasthaus Trögerstüble, Gasthäuser am Pfänder, Bromatsreute (nur an manchen Wochenenden geöffnet)

Anfahrt: im Sommer **Busverbindungen** von Scheidegg und Bregenz nach Möggers; mit dem **Auto** von Lindau oder Lindenberg auf der B 308 bis Scheidegg; von der Ortsmitte auf der Zollstraße hinüber nach Österreich, hinter der Grenze links ab nach Möggers; Parkplatz an der Kirche

Öffnungszeiten: Alpenwildpark am Pfänder mit angeschlossener Adlerwarte: Flugvorführungen um 11 und 14.30 Uhr

Wir beginnen unsere Wanderung an der uralten Linde neben der Pfarrkirche von **Möggers.** Von dort führt der zunächst grün-weiß markierte Weg leicht ansteigend in den Wald. Wir gehen an einem kleinen Bildstock vorbei und kommen auf eine große Lichtung. Diese weitet sich zu einer Wiese, die wir bis zu einer **Weggabelung** (45 Min.) entlanggehen. Dort lädt eine Bank zur ersten Rast ein und läßt uns das Panorama der Bregenzer Berge bestaunen.

Wir folgen dem linken Sträßlein, gehen am Hof des Trögerbauern vorbei und werfen einen Blick in die dem hl. Michael geweihte Hauskapelle. 1773 wurde das Kirchlein erbaut, der kleine barocke Altar mit dem Bild des Kirchenpatrons stammt noch aus dieser Zeit. Ein paar Meter weiter abwärts lädt das **Gasthaus Trögerstüble** (1 Std.) zu einer Brotzeit ein.

Unten am Sattel überqueren wir die Pfänderstraße und gehen über einen Feldweg in den Wald. An der ersten Gabelung im Wald wählen wir den linken Weg. Nach etwa 10 Min. sind wir wieder im Freien auf einer Weide und gehen in eine kleine Senke hinunter. Dort steht neben einem Kruzifix ein **Gedenkstein** aus quarzdurchzogenem Granit (1.15 Std.). Er wurde an der Stelle der 1938 abgebrochenen Bischofskapelle errichtet. Diese hatte an eine Zusammenkunft der befreundeten Bischöfe Konrad von Konstanz und Ulrich von Augsburg im 10. Jh. an diesem Ort erinnert. Das moderne Kreuz daneben stammt von Hubert Fessler aus Hörbranz und wurde 1964 aufgestellt. Zu dieser Stelle führt uns übrigens der Abstieg vom Pfänder wieder zurück.

Wir gehen, den Wegweisern folgend, den Pfänderrücken entlang und kommen durch einige Weidegatter (bitte Schließen nicht vergessen!) wieder auf die **Pfänderstraße.** Ihr folgen wir, an dem schönen Bauernhof **Moos 1** vorbei, bis zum **Pfänderparkplatz.**

Nach links kann man zum sehenswerten Alpenwildpark gehen, geradeaus geht es auf den Gipfel des **Pfänders** (2 Std.). Tief unter uns liegt der Bodensee mit seinen vielen Buchten. Bei Föhn soll man sogar Konstanz am anderen Ende des Sees ganz deutlich erkennen können. Im Norden liegt das oberschwäbische Hügelland mit seinen vielen Kirchen, Kapellen und Dörfern, im Süden schaut man auf das Rheintal und auf die Schweizer Berge.

Das **Gasthaus Schwedenschanze** erinnert an die letzten Kämpfe im Dreißigjährigen Krieg. Bregenz galt als hervorragend geschützt, die ganze Umgebung hatte ihre Schätze in die Stadt gebracht. Die Befestigungen reichten bis zum Pfändergipfel hinauf. Dennoch wurde die Stadt 1647 von den Schweden erobert, die dabei reiche Beute machten. Die Befestigungswälle am Pfänder sind auch heute noch gut zu erkennen. Sie finden sie zum Beispiel, wenn Sie vom großen Parkplatz aus quer durch den Wald zu der Straße gehen, die zur Adlerwarte führt.

Zurück marschieren wir zunächst auf dem bekannten Weg bis zu dem **Gedenkstein** (2.45 Std.).

Von dort folgen wir, nach rechts abbiegend, der Fichtenallee (Wegweiser nach Hinteregg). Wir gehen an einer winzigen **Marienkapelle** vorbei und wandern den geteerten Bauernweg abwärts bis zur **Pfänderstraße.** Auf dieser wenden wir uns nach links und müssen leider wieder etwas ansteigen – und zwar in Richtung der Stelle, an der wir beim Hinweg die Straße gekreuzt haben. Etwa 200 m vor dieser Kreuzung geht rechts eine Straße ab (3 Std.), die mit einem Sackgassenschild gekennzeichnet ist. (Gegenüber steht ein Hinweis: ›Urlaub auf dem Bauernhof, Fam. Eller‹.)

Wir gehen in diese Sackgasse hinein, marschieren an den beiden **Gschwendhöfen** vorbei und kommen in den Wald zu einem Hohlweg. Nach einem Bächlein führt der Weg leicht abwärts. Jetzt heißt es aufpassen: Ein Wegweiser nach Bromatsreute schickt uns nach links, wir queren einen Wiesenhang und kommen, immer abwärts gehend, durch ein kurzes Waldstück auf die nächste, ganz

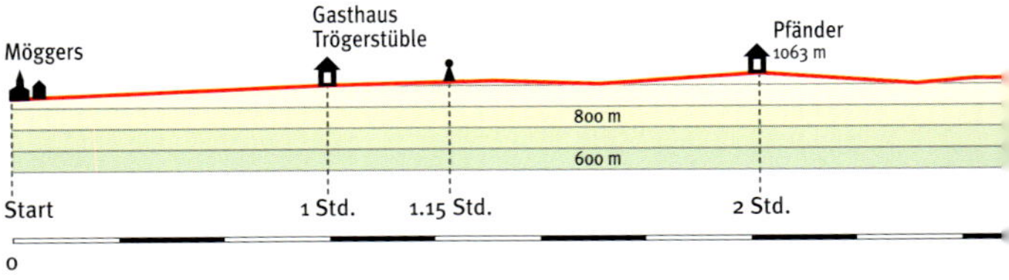

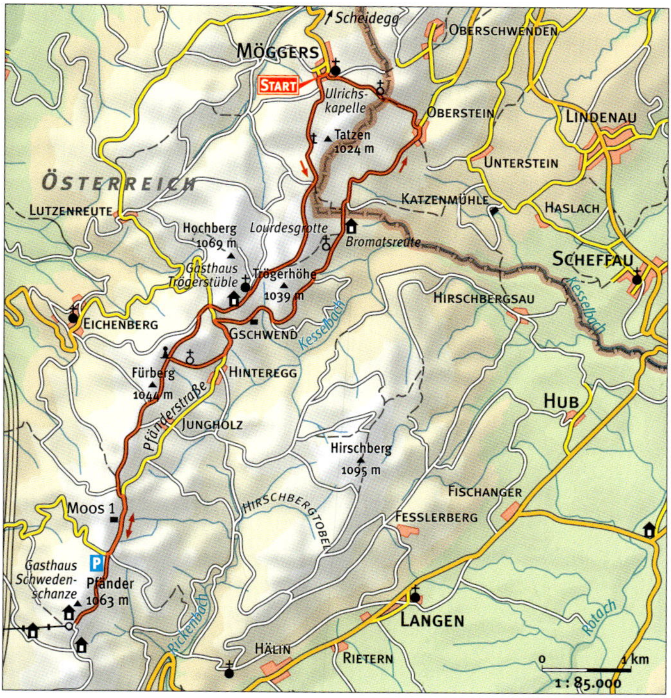

von Wald umgebene Wiese. Wir folgen immer dem Hauptweg, auch wenn er zunehmend schlechter wird. Ein weiteres Schild ›Bromatsreute –Scheidegg‹ bestätigt uns in der Richtung. Man sieht deutlich, daß der etwas verfallene Weg früher viel breiter war, so daß Fuhrwerke darauf fahren konnten.

In einer **Lourdesgrotte,** die in den Nagelfluhfelsen gehauen ist, schildert ein kleines Votivbild aus dem Jahre 1904, wie der Bauer Vogler aus Bromatsreute bei einem Fuhrwerkunglück wie durch ein Wunder unversehrt davongekommen ist. Von der Grotte sind wir in ein paar Minuten in **Bromatsreute** (3.30 Std.), unmittelbar an der österreichisch-deutschen Grenze. Früher besaß der Bauernhof die Schankgerechtigkeit, heute gehört das Haus dem Ski- und Wanderverein Reutlingen, der es an Wochenenden meist bewirtschaftet.

Wir überqueren die Grenze und gehen auf der Feldstraße weiter

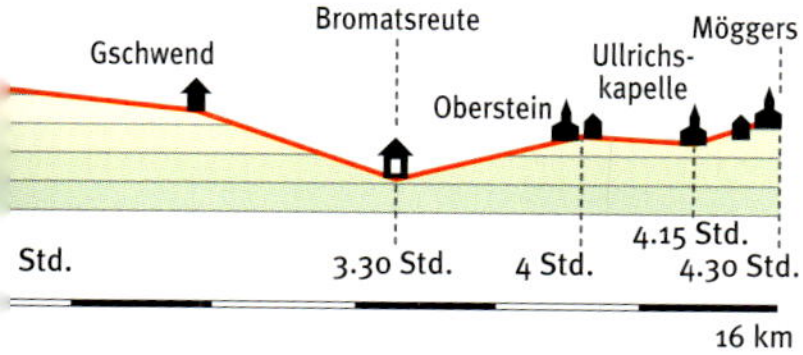

Richtung Oberstein. Rechts ergibt sich noch einmal ein schöner Blick auf das Tal von Scheffau, die Nagelfluhkette mit dem Hochgrat (Tour 28) und die Vorarlberger Alpen. Wir passieren **Oberstein** (4 Std.), bewundern das prächtige Feldkreuz am Stadel des letzten Bauernhofs und biegen links in ein Wiesenweglein ein.

Nach ein paar Minuten kommen wir in lichten Wald, überqueren nochmals die deutsch-österreichische Grenze und stehen dann vor

Sonnenuntergang über dem Bodensee – Blick vom Pfänder auf Lindau

der **Ulrichskapelle** (4.15 Std.), die der Sage nach von dem Heiligen selbst erbaut wurde. Die Heilquelle neben der Kirche, die heute noch fließt, soll der rührige Gottesmann ebenfalls gefunden haben. Immerhin konnte man Grundmauern aus der Zeit um 1000 nachweisen; damit wird die Gründung durch Ulrich durchaus möglich.

Von der Kapelle aus gehen wir weiter durch den Wald und erreichen nach einer Viertelstunde wieder **Möggers** (4.30 Std.).

Register

DUMONT aktiv

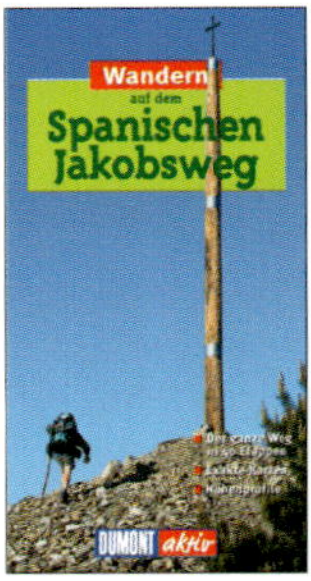

»DUMONT macht mobil!
DUMONT aktiv heißt die neue Reiseführerreihe des DUMONT Buchverlags für Wanderfreunde. Ob Schwarzwald, Dolomiten, Irland oder die Pyrenäen, die Reiseführer im handlichen Format geben nützliche Informationen über Wandersaison, Ausrüstung sowie interessante Naturerscheinungen entlang der vorgeschlagenen Routen. Farbige Höhenprofile zu jeder Wanderung lassen sofort erkennen, wie anspruchsvoll der Weg ist und wieviel Zeit man dafür einplanen muß.«

Augsburger Allgemeine

»Sie passen in jede Rucksackseiten- oder Anoraktasche. Die kompakte Form geht jedoch nicht zu Lasten der Beschreibungen. Jede Route wird mit allem geschildert, was wichtig ist: der Wanderzeit, der Weglänge, dem Routen-Charakter bis hin zu Sehenswürdigkeiten und Einkehrmöglichkeiten am Wege.« *Welt am Sonntag*

Zahlreiche Farbfotos machen Appetit auf das Naturerlebnis und wecken die Vorfreunde.

Weitere Informationen über die Titel der Reihe DUMONT aktiv erhalten Sie bei Ihrem Buchhändler oder beim DUMONT Buchverlag • Postfach 10 10 45 • 50450 Köln
Besuchen Sie uns im Internet: www.dumontverlag.de

DUMONT EXTRA

Der Reiseführer mit topaktuellen Tipps und fünf ungewöhnlichen Extra-Touren. Hinten im Buch befindet sich die Extra-Karte zum Herausnehmen – jederzeit griffbereit.

Jeder Band wird jährlich aktualisiert!

»Große Klasse zum kleinen Preis: schnelle Infos, tolle Fotos, fünf Touren, moderne Grafik und Extrakarte. Ein kompletter Reiseführer für junge Leute und Junggebliebene. Mit Insidertipps, die jede Reise zu einem wahren Vergnügen machen.« *buch aktuell*

»Es handelt sich hier um kompakte Reiseführer mit verlässlichen, topaktuellen Tipps und wirklich lohnenden, originellen Routenbeschreibungen. Außerordentlich ist die jährliche Neuauflage! Insgesamt bietet ›DUMONT Extra‹ Tipps, Tipps und nochmals Tipps; und diese dann auch garantiert Jahr für Jahr neu.«

Nordbayerischer Kurier

Weitere Informationen über die Titel der Reihe DUMONT-Extra erhalten Sie bei Ihrem Buchhändler oder beim DUMONT Buchverlag • Postfach 10 10 45 • 50450 Köln
Besuchen Sie uns im Internet: www.dumontverlag.de

Abbildungsnachweis

Alle Fotos: Wilfried Bahnmüller, Geretsried-Gelting

Karten und Höhenprofile: Berndtson & Berndtson Productions GmbH, Fürstenfeldbruck © DuMont Buchverlag, Köln

Impressum

Titelbild: Der Seealpsee unterhalb des Nebelhorns

Über den Autor: Dr. Wilfried Bahnmüller, geboren 1939 in Rosenheim, studierte Chemie und promovierte auf dem Gebiet der Wissenschaftlichen Fotografie. Er ist berufenes Mitglied der Deutschen Gesellschaft für Photographie. Bei DuMont erschienen von ihm die Bände ›Richtig Wandern: Bayerisches Oberland‹ und ›Richtig Wandern: Pfaffenwinkel und Werdenfelser Land‹. Er lebt heute in Gelting bei München.

Graphisches Konzept: Groschwitz, Hamburg
2., aktualisierte Auflage 2001

Rasch, Bramsche
ische Verarbeitung: Bramscher Buchbinder Betriebe

1-4773-1